青山繁晴の
【逆転】ガイド
その1 ハワイ真珠湾の巻

THE
GYAKUTEN
REVERSAL GUIDE
BY SHIGEHARU AOYAMA

ワニ・プラス

すべての迷える魂のために。

わたしの書物がみなそうであるように、この本でも、漢字、ひらがな、カタカナ、ローマ字を自在に使います。同じ言葉でも、この四種を場面によって使い分けます。わたしは、ひらがなを創り出したことから、ほんとうの日本語が始まったと考えます。ひらがなとカタカナの柔らかな力で、漢字もローマ字もいわば日本語そのものへ意義深い変容を遂げました。

この日本語に対する信念と愛情にもとづいて、四種をあえて不統一に、その文脈に即して使います。一般的な校正の基準とは異なります。ご理解ください。

青山繁晴　拝

なぜ、この本なのか

こどもの頃、やってみたいなと思っていた職業のひとつが、水先案内人です。霧笛の聞こえる神戸に生まれました。

海霧や靄《もや》が港に立ちこめるとき船によっては、ひゅーい、ひゅーいと甲高い笛を鳴らします。当時の神戸港は今よりずっと船舶の往来が激しくて、衝突の悲劇を引き起こさないための霧笛の響きはこどもの耳にも切実に聞こえました。

小学五年のころ、水先案内人というひとがいると本で読み、霧笛が鳴るなかで舳先《へさき》にすっくと立って船の動きを捌《さば》く姿がぼくの胸に宿りました。

実際の水先案内人は舳先ではなく船橋《ブリッジ》に立ちますが、そのブリッジで船長より上位となる、尊敬される存在です。

こども時代に神戸から引っ越し、さらに東京でひとり暮らしの大学生になり、たまに神戸を訪れると六甲山からの煌《きら》めく夜景のなかに霧笛が遠く聞こえ、たまらない郷愁に襲われました。それはミナト神戸というエキゾチシズムのある街への懐かしみだけではなくて、みんな誰しも胸に秘めている、こども時代への郷愁でしょう。

幼稚園から小学校にかけてのぼくはバスに乗ると必ず、運転手さんのすぐ斜め横に立って熱心に眺めました。運転手さんは、大輪のハンドルを両腕で被《かぶ》さるように取り回し、先端に黒い玉の付いた長い銀色のギヤを、リラックスして丁寧に入れ分け、その度に床の大きなペダルをかしゃん、かしゃんと踏むのです。

いま思えばそれは、クラッチペダルですね。

このバスの運転手さんが、なりたい職業の最初です。そしてレーシングドライバー、戦闘機乗り、小説家、総理大臣とさまざまな仕事に「なろうかな」とこども時代には思いました。

それらとは、水先案内人という仕事は別格でした。黙々と目立たないまま人の役に立つ職業です。その生き方に、ほんのり憧れる気持ちが奥深くに永く残っていきました。すこしだけ意外かもしれませんが、ぼくは目立つのが嫌いです。

大学を出るとき選んだ仕事が記者だったのも、底に流れる気持ちは同じです。世の中を良くすることに縁の下から尽くせる仕事だと信じて二〇年近くを記者として生き、そして降り積もる矛盾に辞職を選択しました。

より自由に地球を歩けるようになってから、ぼくらの祖国と世界をめぐって日本の学校で教えられ、みずからも勤めたマスメディアで繰り返し刷り込まれ、ぼくの頭にも染み込んだことどもがことごとく逆転していくのを経験しました。

先ほど申した幼い頃に考えた将来の仕事のうち、憧れるとか、なりたいと思うとかそれ以前にもう、やるに決まっていた仕事が物書きです。文章を書くことは、声を出すことと同じくらいぼくには自然なことでした。小説もノンフィクションも両方書くと、自然に決めていました。いわば、ぼくの社会人生活は、まず物書きがあり、それに加えて幾つかの仕事をすると決まっていたようなものです。

今、その物書きとして、世界の「逆転」をどうやって伝えるのか。

これぞ水先案内人しかありませぬ。

逆転ガイドとは、そういう本です。ぼくが歩いてきた世界と日本の最前線の現場を、みんなと一緒に辿《たど》るために、ささやかなりにガイドさせてください。

第二次世界大戦から長い月日が過ぎ、最大の戦勝国アメリカが退《ひ》いていき、実は大戦から四年経って初めて生まれた中華人民共和国が「戦勝国の権利」を声高に主張してアジアの諸国と海を圧迫し、自分たちを統合してアメリカから自立しようとしたヨーロッパがギリシャ危機を契機に混乱し、かつてヨーロッパ人に侵されたラテン・アメリカとアフリカは、腰を上げて立とうとしているところへ中国が触手を伸ばしています。

変わる世界のために一新する日本の歴史を、わたしたちはこれからこそ創る。

終戦から何年経ったという話ではもはやなく、敗戦そのものの超克です。

そのための真っさらな船をみんなと一緒に漕ぎ出していきたい。時には舳先に静かに立ちます。みんなが自分の頭で考える、その助けになる場所を指差して、すこしだけ話したい。

そして、最初の場所はパールハーバー、真珠湾です。

この第一巻は、かつてわたしたちの先輩たちが攻撃をかけたハワイの真珠湾をめぐる逆転ガイドです。

しかし一緒に考えたいのは、安全保障や外交のことだけではありません。ひとの生き方、ぼくたちの感じ方、みんなの幸せ、そのすべてです。

ですからぼくの今の気持ちは、命ある限り、この逆転ガイドを一冊、一冊、積み重ねていきたいということです。

そして例えばアプリにしたり英訳したり、さまざまに活用できるようにします。


さらにこの初巻は、現実に沢山の志あるひとびとをガイドしたことにそのまま基づいて、世に出そうと決めました。

ぼくが不肖ながら社長を務める独研（独立総合研究所）には「インディペンデント・クラブ」（ＩＤＣ）という会員制のクラブがあります。ぼくと一緒に現場を訪ねましょうというクラブです。

これまで総理官邸や国会を訪ねて現職の官房副長官とＩＤＣ会員のみなさんが直接、ぼくの同席のもと議論をしたり、自衛隊の基地に入って戦車や護衛艦に試乗したり、潜水艦、戦闘機の内部を見学したり、原子力発電所、靖國神社などなどを訪ね、さらには京都で伝統芸能を一緒に愉しんだり、ＩＤＣ雪上集会と称してスキーを一緒にがんがん滑ったり、ずいぶんと幅広く活動してきましたが、思い切ってハワイの真珠湾へ行くことを提案してみました。

渡航費もかかりますし、ごく短い旅程であっても日数もかかる。だから参加があるかどうか心配でしたが、とんでもない、東京や京阪神だけではなく、鹿児島、沖縄、シンガポールから、そして二六歳から七三歳までのＩＤＣ会員が世代を超えて三五人も参加してくださいました。

西暦二〇一五年三月のことです。

ＩＤＣは、参加を希望され待機されているひとが現在、五〇〇〇人を超えていらっしゃいます。

儲けが目的ならみなさんに入会してもらうのですが、そうではなく、ぼくと実際に一緒に行動できる限界を考えて十分の一以下の五〇〇人程度で止めています。一年に一回、欠員があった分だけ抽選で補充しています。

しかし、その抽選に外れたかたは、たいへんに落胆されます。

その多くのかたがたのためにも、そしてＩＤＣを知らなかったかたのためにも、このＩＤＣハワイ真珠湾研修を共通体験していただくのが、初巻にもっともふさわしいと考えました。
それでは、真珠湾訪問の幕開けです。

青山繁晴の「逆転」ガイド
その1 ハワイ真珠湾の巻　目次

なぜ、この本なのか　2

第一章　アメリカ陸軍博物館　11
ハワイ・ワイキキ アメリカ陸軍博物館にて
真珠湾に向かう、貸し切りバスの車中

第二章　真珠湾ビジター・センター　63
真珠湾ビジター・センター入口にて
真珠湾展示館(Exhibit Pavilion)にて

第三章　戦艦ミズーリ記念館　127
戦艦ミズーリ前にて
戦艦ミズーリ艦上にて

第四章　太平洋航空博物館――155
太平洋航空博物館にて
ワイキキへと戻るバス車中にて

第五章　質疑応答――199
懇親会にて（一行はワイキキビーチ近くのホテルで独研主催の懇親会に臨んだ）
質問コーナー

第六章　米兵の生き残り、ディック・ジロッコさんと――215
次のガイドへのひとこと――240
青山繁晴と真珠湾攻撃で生き残った元アメリカ兵のディック・ジロッコさん（93歳10か月当時）との対話――253

第一章　アメリカ陸軍博物館
U.S.ARMY MUSEUM OF HAWAII

U.S. Army Museum of Hawaii
2131 Kalia Road, Honolulu, HI 96830
phone number is: 808-942-0318
http://www.garrison.hawaii.army.mil/armymuseum/default.htm

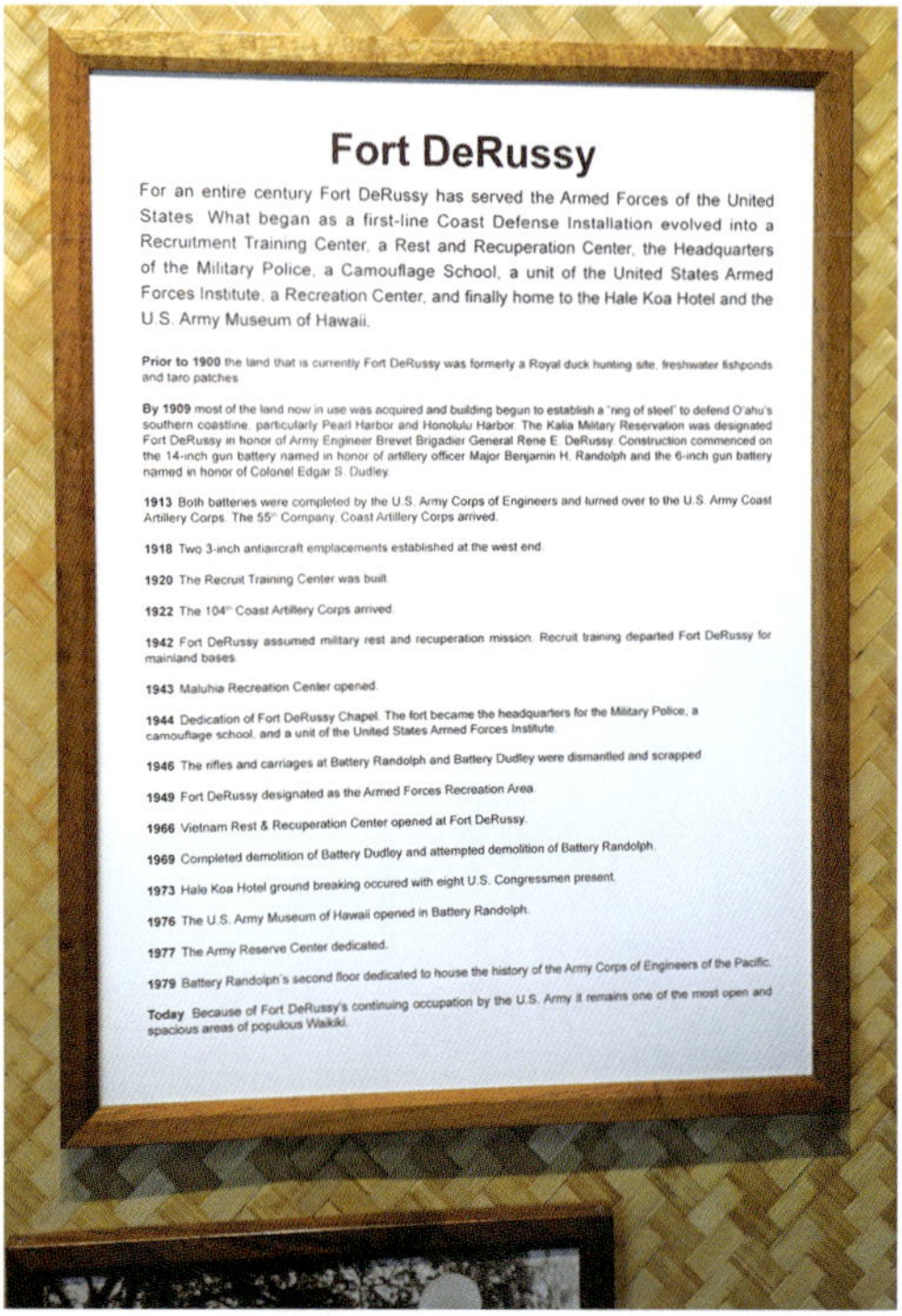
Fort DeRussy
For an entire century Fort DeRussy has served the Armed Forces of the United States. What began as a first-line Coast Defense Installation evolved into a Recruitment Training Center, a Rest and Recuperation Center, the Headquarters of the Military Police, a Camouflage School, a unit of the United States Armed Forces Institute, a Recreation Center, and finally home to the Hale Koa Hotel and the U.S. Army Museum of Hawaii.
Prior to 1900 the land that is currently Fort DeRussy was formerly a Royal duck hunting site, freshwater fishponds and taro patches.
By 1909 most of the land now in use was acquired and building begun to establish a "ring of steel" to defend O'ahu's southern coastline, particularly Pearl Harbor and Honolulu Harbor. The Kalia Military Reservation was designated Fort DeRussy in honor of Army Engineer Brevet Brigadier General Rene E. DeRussy. Construction commenced on the 14-inch gun battery named in honor of artillery officer Major Benjamin H. Randolph and the 6-inch gun battery named in honor of Colonel Edgar S. Dudley.
1913 Both batteries were completed by the U.S. Army Corps of Engineers and turned over to the U.S. Army Coast Artillery Corps. The 55th Company, Coast Artillery Corps arrived.
1918 Two 3-inch antiaircraft emplacements established at the west end.
1920 The Recruit Training Center was built.
1922 The 104th Coast Artillery Corps arrived.
1942 Fort DeRussy assumed military rest and recuperation mission. Recruit training departed Fort DeRussy for mainland bases.
1943 Maluhia Recreation Center opened.
1944 Dedication of Fort DeRussy Chapel. The fort became the headquarters for the Military Police, a camouflage school, and a unit of the United States Armed Forces Institute.
1946 The rifles and carriages at Battery Randolph and Battery Dudley were dismantled and scrapped.
1949 Fort DeRussy designated as the Armed Forces Recreation Area.
1966 Vietnam Rest & Recuperation Center opened at Fort DeRussy.
1969 Completed demolition of Battery Dudley and attempted demolition of Battery Randolph.
1973 Hale Koa Hotel ground breaking occured with eight U.S. Congressmen present.
1976 The U.S. Army Museum of Hawaii opened in Battery Randolph.
1977 The Army Reserve Center dedicated.
1979 Battery Randolph's second floor dedicated to house the history of the Army Corps of Engineers of the Pacific.
Today Because of Fort DeRussy's continuing occupation by the U.S. Army it remains one of the most open and spacious areas of populous Waikiki.

この陸軍博物館がもともとは「デ・ラッシー」という名の砦だったことを記した案内板。

砦だった時代を再現したジオラマを覗き込む青山繁晴（右）とIDC会員。日本の真珠湾攻撃が、世界の誰も想像しなかった航空攻撃だったために砲台などが一瞬で時代遅れになってしまったことを自ら展示している。

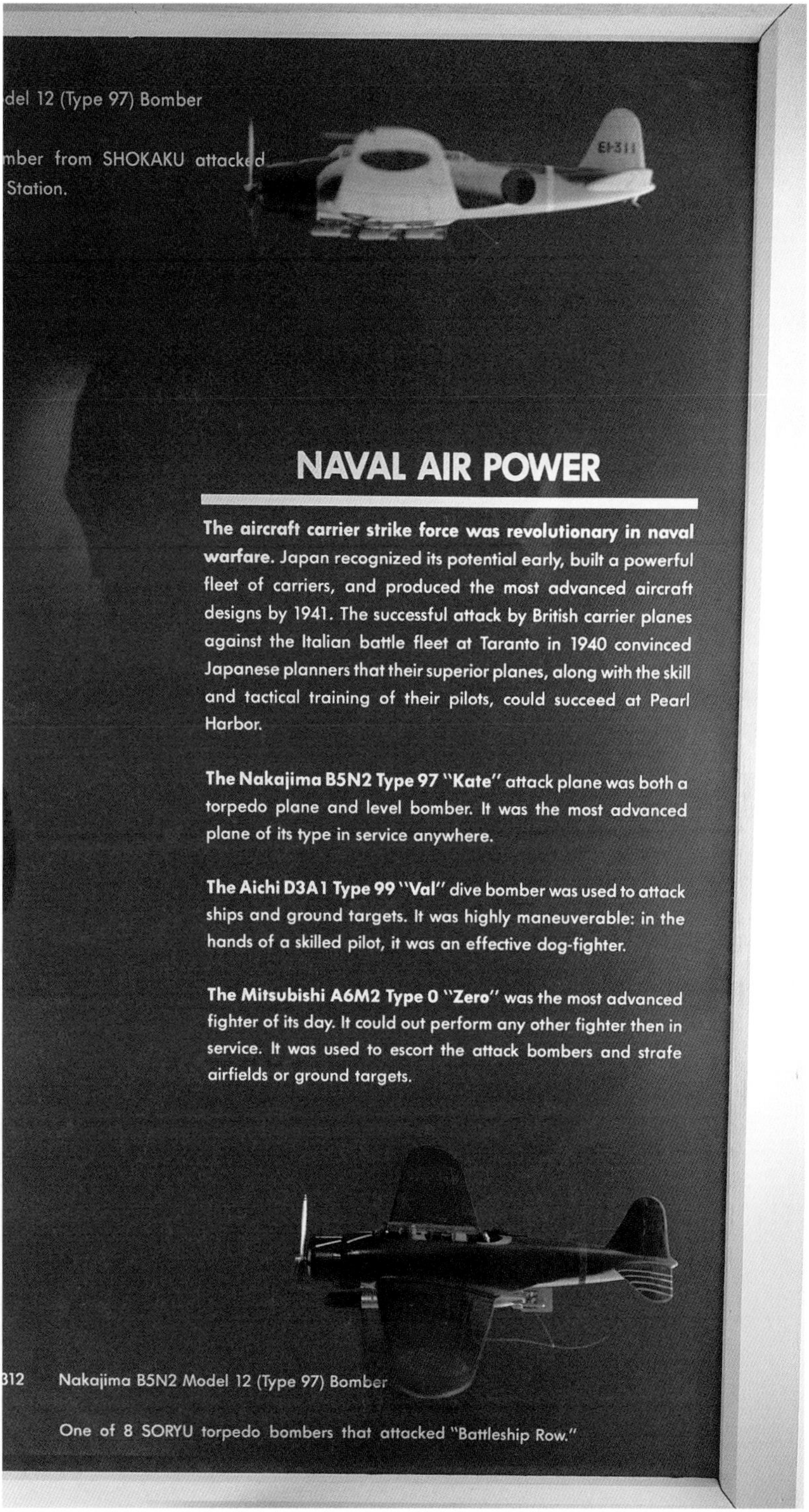

del 12 (Type 97) Bomber
mber from SHOKAKU attacked
Station.
EI-311
NAVAL AIR POWER
The aircraft carrier strike force was revolutionary in naval warfare. Japan recognized its potential early, built a powerful fleet of carriers, and produced the most advanced aircraft designs by 1941. The successful attack by British carrier planes against the Italian battle fleet at Taranto in 1940 convinced Japanese planners that their superior planes, along with the skill and tactical training of their pilots, could succeed at Pearl Harbor.
The Nakajima B5N2 Type 97 "Kate" attack plane was both a torpedo plane and level bomber. It was the most advanced plane of its type in service anywhere.
The Aichi D3A1 Type 99 "Val" dive bomber was used to attack ships and ground targets. It was highly maneuverable: in the hands of a skilled pilot, it was an effective dog-fighter.
The Mitsubishi A6M2 Type 0 "Zero" was the most advanced fighter of its day. It could out perform any other fighter then in service. It was used to escort the attack bombers and strafe airfields or ground targets.
312 Nakajima B5N2 Model 12 (Type 97) Bomber
One of 8 SORYU torpedo bombers that attacked "Battleship Row."

「海軍の航空戦力」と題し「日本海軍の空母の打撃力はまさしく革命的だった」と絶讃している。零戦などを三菱製だけではなく中島製、さらには愛知製と日本ではすでに忘れられたメーカー別の特徴を丁寧に詳述している。

空母赤城の模型の横に展示された、本物の日本海軍の飛行帽。説明や展示ぶりに敬意が表れている。

アメリカの老朽船に旭日旗を立てて標的艦にしている。「時代遅れの大砲戦をアメリカは想定してしまっていた」という自己批判にも通じる写真展示である。

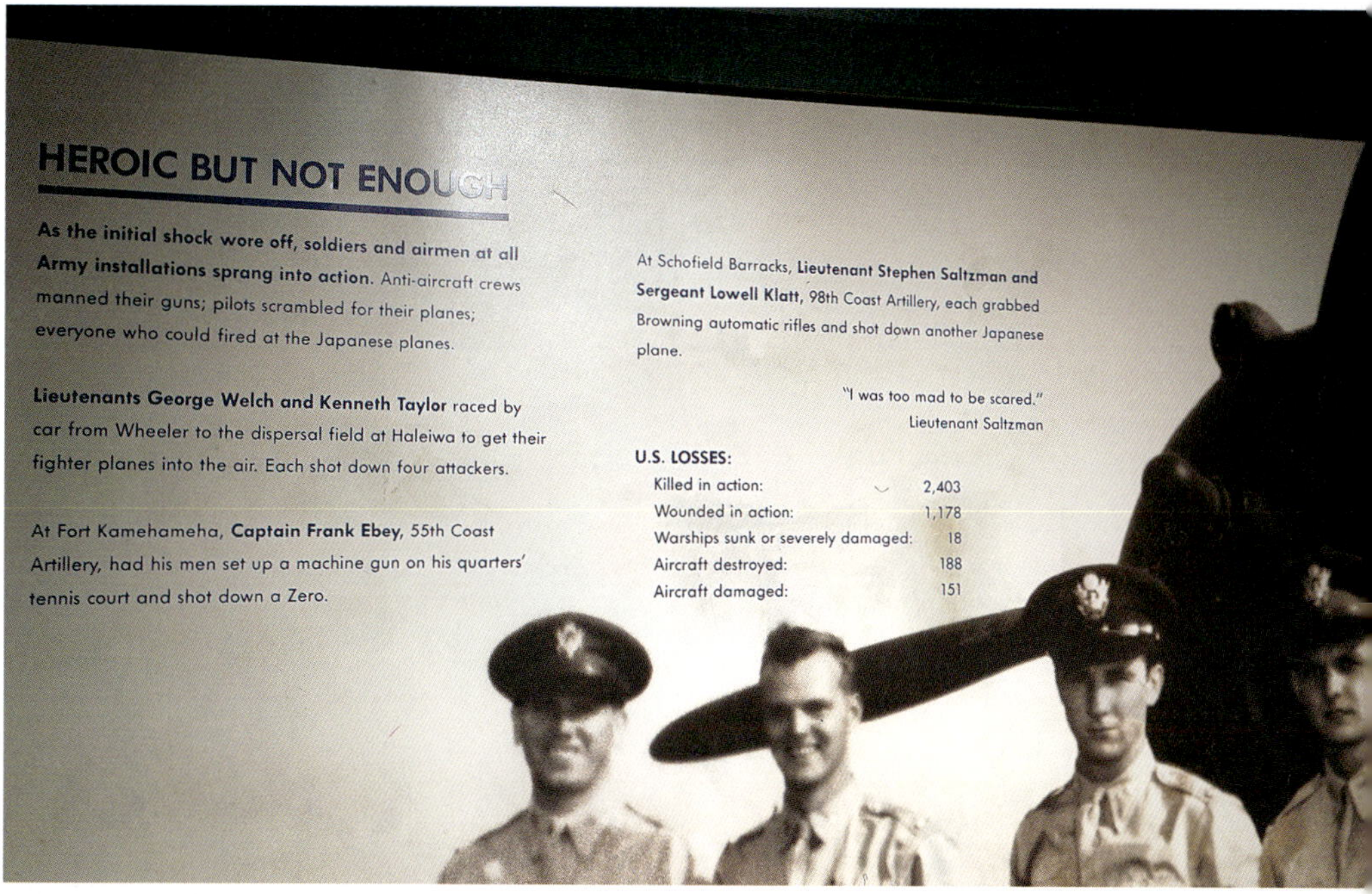
HEROIC BUT NOT ENOUGH
As the initial shock wore off, soldiers and airmen at all Army installations sprang into action. Anti-aircraft crews manned their guns; pilots scrambled for their planes; everyone who could fired at the Japanese planes.
Lieutenants George Welch and Kenneth Taylor raced by car from Wheeler to the dispersal field at Haleiwa to get their fighter planes into the air. Each shot down four attackers.
At Fort Kamehameha, Captain Frank Ebey, 55th Coast Artillery, had his men set up a machine gun on his quarters' tennis court and shot down a Zero.
At Schofield Barracks, Lieutenant Stephen Saltzman and Sergeant Lowell Klatt, 98th Coast Artillery, each grabbed Browning automatic rifles and shot down another Japanese plane.
"I was too mad to be scared."
Lieutenant Saltzman
U.S. LOSSES:
Killed in action: 2,403
Wounded in action: 1,178
Warships sunk or severely damaged: 18
Aircraft destroyed: 188
Aircraft damaged: 151

真珠湾攻撃に立ち向かった米兵の写真を掲示しながら、タイトルには「ヒロイック（英雄的）だった……しかし足りなかった」。英雄扱いするだけで終わらせてはいない。

THE WINDS OF WAR....
Japan And The United States On A Collision Course

太平洋を舞台にした日米戦争の前触れとして、日本軍の南京占領を展示している。しかし中国が声高に主張する「大虐殺」はカケラもない。

JAPAN'S FAILURES
Despite Japan's tactical success, they failed to sink any American carriers, or to destroy the ship repair facilities and fuel storage at Pearl Harbor, a costly error. Pearl Harbor and Hawaii rose out of the ashes to become the instruments of Japan's destruction.
Photo: US Army Museum of Hawaii (3046)
"Events have shown it was a great mistake not to have launched a second attack against Pearl Harbor."
Admiral Yamamoto, 1942

大日本帝国海軍の連合艦隊司令長官、山本《やまもと》五《い》十《そ》六《ろく》大将の姿が、空母と燃料貯蔵基地の撃ち漏らしという「日本の失敗」を自己批判する言葉と共に掲げられている。

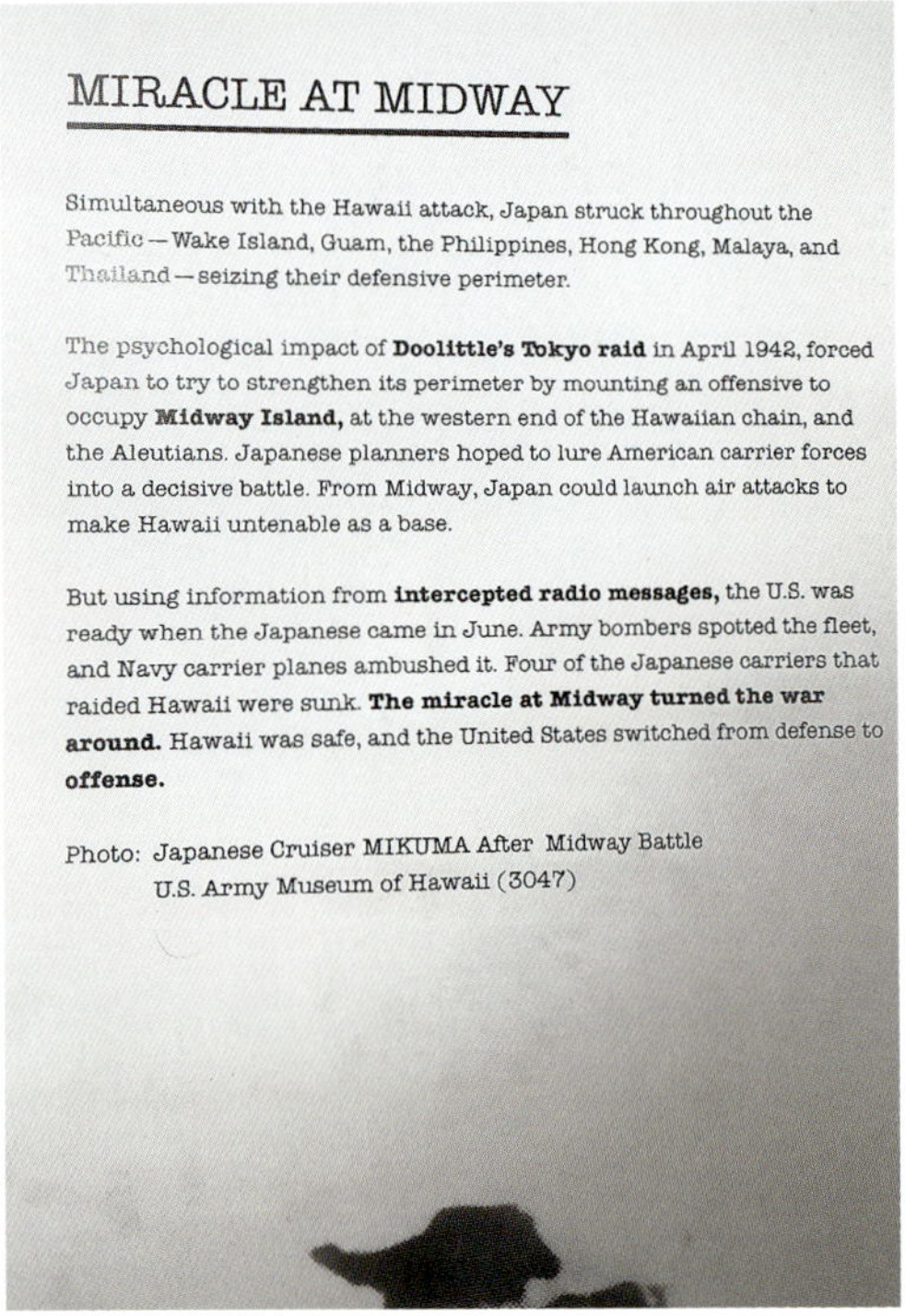
MIRACLE AT MIDWAY
Simultaneous with the Hawaii attack, Japan struck throughout the Pacific — Wake Island, Guam, the Philippines, Hong Kong, Malaya, and Thailand — seizing their defensive perimeter.
The psychological impact of **Doolittle's Tokyo raid** in April 1942, forced Japan to try to strengthen its perimeter by mounting an offensive to occupy **Midway Island,** at the western end of the Hawaiian chain, and the Aleutians. Japanese planners hoped to lure American carrier forces into a decisive battle. From Midway, Japan could launch air attacks to make Hawaii untenable as a base.
But using information from **intercepted radio messages,** the U.S. was ready when the Japanese came in June. Army bombers spotted the fleet, and Navy carrier planes ambushed it. Four of the Japanese carriers that raided Hawaii were sunk. **The miracle at Midway turned the war around.** Hawaii was safe, and the United States switched from defense to **offense.**
Photo: Japanese Cruiser MIKUMA After Midway Battle
U.S. Army Museum of Hawaii (3047)

それがこの展示に繋がる。「ミッドウェー海戦の奇跡」だ。真珠湾の日本を誉めるということはアメリカを謙虚に省みること、それが半年後のミッドウェーでの勝利を呼ぶ……「失敗にこそ学べ」という展示の真意が分かる。

陸軍博物館で唯一、アンフェアな展示。「原爆投下が100万の米兵の命を救った」と強弁している。

アメリカ陸軍博物館の正面に露天で展示されている、日本の一式《いっしき》機動《きどう》四十七粍砲《よんじゅうななみりほう》。1941年に日本陸軍が前線配備した対戦車用の速射砲。淡々と能力を解説している。

屋上に展示されている「ビッグガン」こと7インチ沿岸砲を見る青山繁晴と、ヘイワース美奈・独研（独立総合研究所）研究員。この巨砲に戦果はなかった。

奥に日本の九五式軽戦車（Japanese WWII Type 95 Light Tank）、手前はアメリカのM24チャフィー軽戦車（US M24 Chaffee Light Tank）。いずれも第二次世界大戦の主力。対等な雰囲気で展示されている。

Japan's Military Expansion Into China Began A Chain Of Events Leading To War With The United States
"...THE GIBRALTAR OF THE PACIFIC"

南京に入る松《まつ》井《い》石《いわ》根《ね》陸軍大将。日本が中国をinvades、侵略と各所に表記があるが、アメリカが日本をinvades、侵略するとも記している。戦争全体を「侵略戦争」と定義付けているのではない。

「日本の攻撃隊は偉大なまでの低空飛行の技術と、正確な射撃術を誇り、駐機中のアメリカの軍用機を爆破した」。客観的に日本軍を絶讃する説明を、堂々と掲げている。

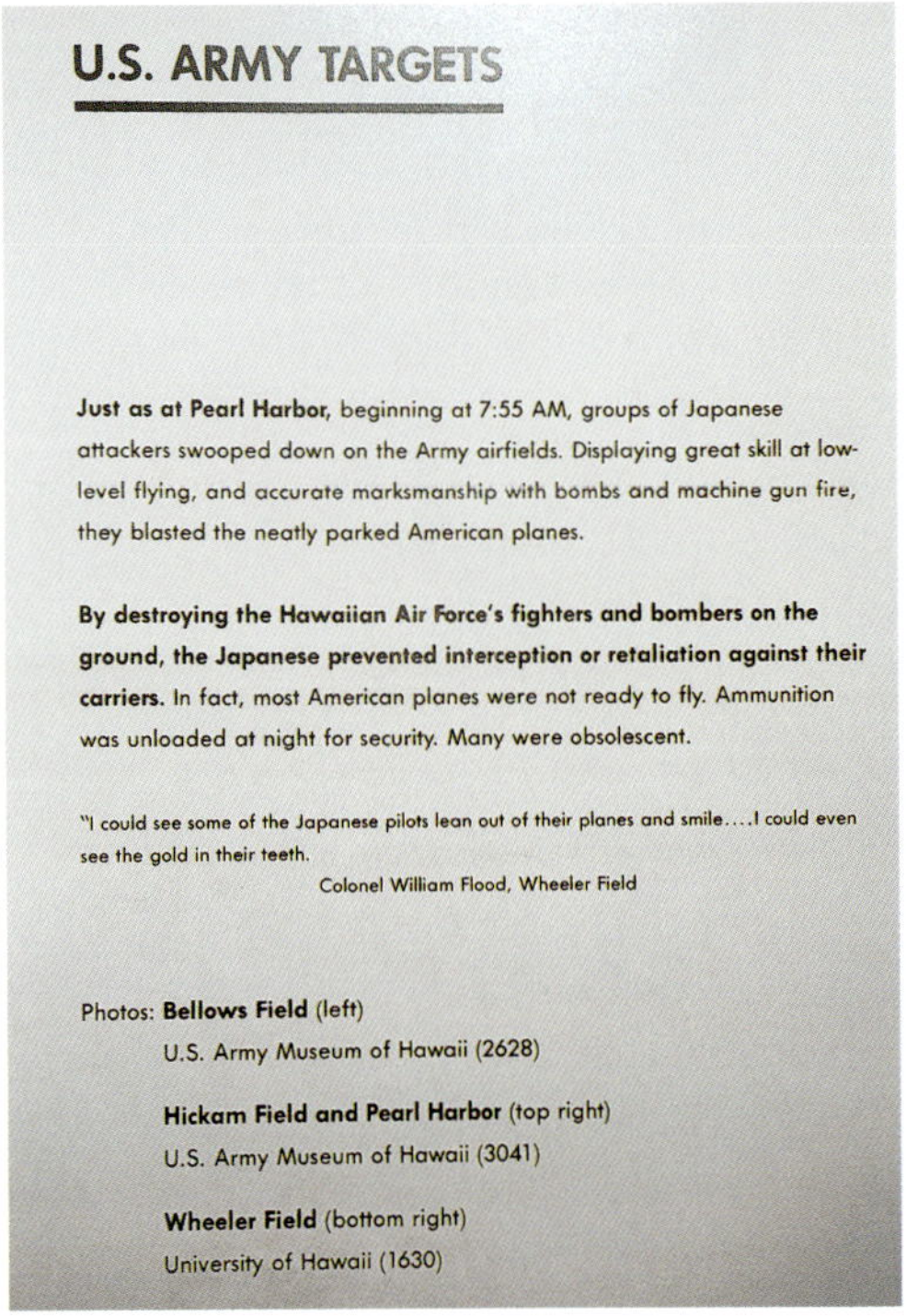
U.S. ARMY TARGETS
Just as at Pearl Harbor, beginning at 7:55 AM, groups of Japanese attackers swooped down on the Army airfields. Displaying great skill at low-level flying, and accurate marksmanship with bombs and machine gun fire, they blasted the neatly parked American planes.
By destroying the Hawaiian Air Force's fighters and bombers on the ground, the Japanese prevented interception or retaliation against their carriers. In fact, most American planes were not ready to fly. Ammunition was unloaded at night for security. Many were obsolescent.
"I could see some of the Japanese pilots lean out of their planes and smile....I could even see the gold in their teeth.
Colonel William Flood, Wheeler Field
Photos: Bellows Field (left)
U.S. Army Museum of Hawaii (2628)
Hickam Field and Pearl Harbor (top right)
U.S. Army Museum of Hawaii (3041)
Wheeler Field (bottom right)
University of Hawaii (1630)

山本五十六連合艦隊司令長官が自軍の失敗を批判したことを説明するパネルの前で、IDC会員に解説する青山繁晴。

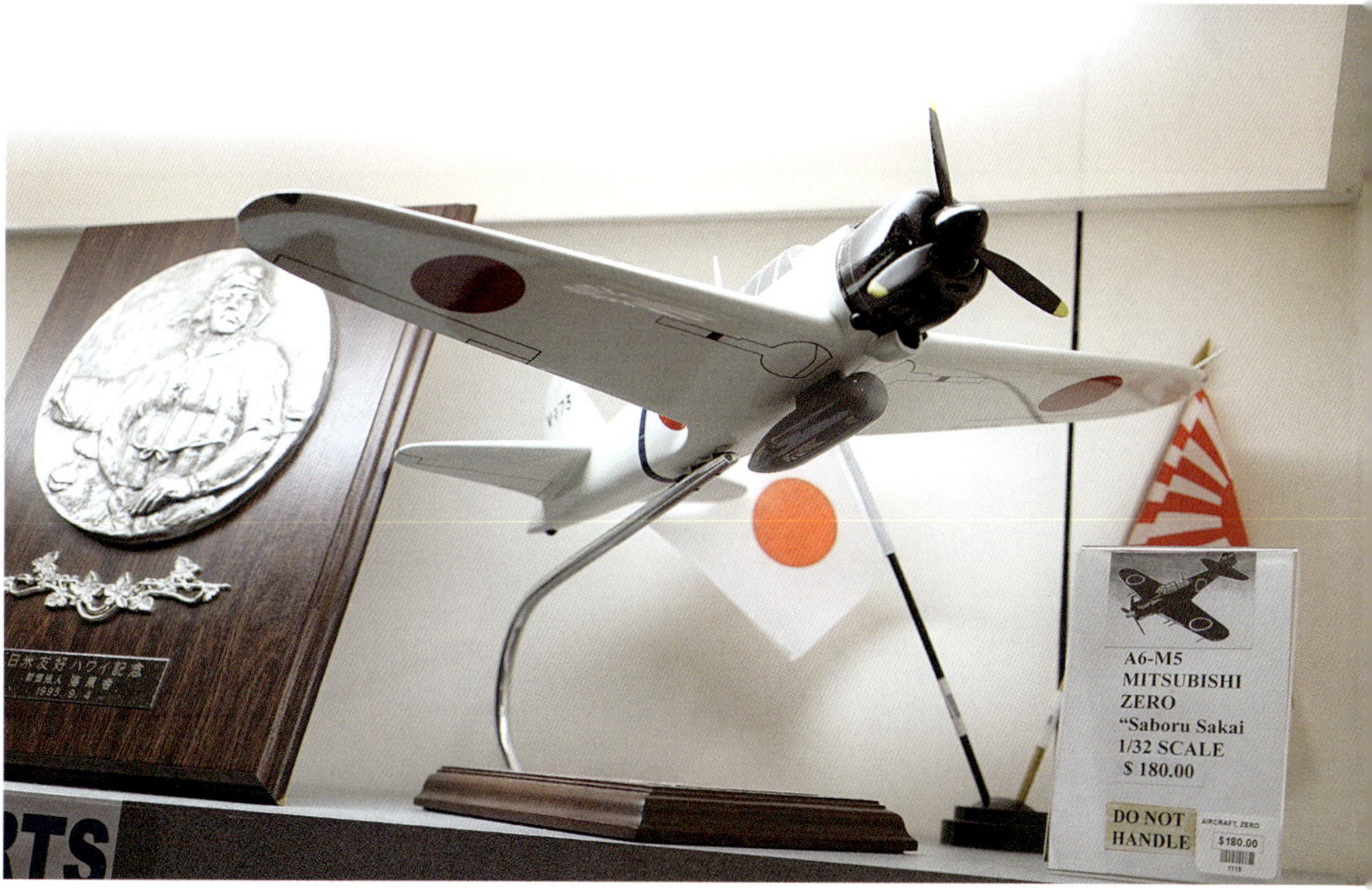

アメリカ陸軍博物館のショップに零戦の大型模型（180ドル）が尊敬を込めて売られている。日章旗と旭日旗のセットも。一体どこの国の売店だろうか。

レジの日系・元米陸軍人ヨナミネさんと青山繁晴（右）、IDC会員たち。「みなさんには全品15％引き」と聞いて、沸いているところ。

ハワイ・ワイキキ アメリカ陸軍博物館にて

青山繁晴（博物館前の広場で）

ここハワイはかつて、あのカメハメハ大王から続くハワイ王国（当時）のカラカウア王が日本に連邦になろうと申し出ています。残念ながら日本は断っています。もし、太平洋の真ん中のハワイが日本に拠点を与えていたなら、そもそも第二次世界大戦が太平洋についてはは無かっただろうと思わせる。ハワイとはほんとうはそういう場所です。

ぼくたち、独研（独立総合研究所）からの四人は先に二日間、みなさんのために下見をしてきました。

ぼく自身はこの陸軍博物館も含めて数えきれないほど何回もこのハワイの施設を見ていますが、みなさんに分かりにくいことがあるといけないので、四人で徹底的に下見をしてきました。

実はこの二日間はとても寒く、アロハではいられませんでしたが、今日は見事な日本晴れ、ハワイの日本晴れです。やっぱり日本はハワイと連邦になった方がよかった（笑）。朝一〇時からこの天気ですから、たぶん日中は暑くなると思います。

今回のＩＤＣの催しは初めて海外で行うわけですけれど、ぼくと行く新視点のハワイ真珠湾研修ということで、いままで日本にはまったくなかった視点で事実を見ていきます。いまは、あえてまだ何も申しません。みなさんが実際に見てからです。

下見をしていた二日間は現地に駐在している自衛隊の連絡将校がずっと同行してくれました。ところが、実は陸海空の連絡将校の誰もが、ぼくの指差し、説明することに全く気付いていませんでした。ハワイで暮らしている、国際社会では軍の高級将校である彼らも、これからみなさんが目の当たりにすることに初めて気づいてショックを受けていたのです。

とはいえ別に難しい話ではありません。

このワイキキの浜から歩いて二分の、ここアメリカ陸軍博物館で見ていただくのは、真珠湾へ行く前の準備といえるものですが、ここの展示だけで充分にショッキングです。

たとえば中国が大虐殺があったと主張している「南京」の戦いについて、まったく異なる視点の展示・記述もあります。

そして、なによりも当時の日本海軍の先進性について日本ではまるで語られていないことが、この古びたアメリカ陸軍博物館、敵だった相手の公式な博物館で見ることができます。

みなさんにはまずここで頭の切り替えをしていただき、このあと戦車に乗って（笑いが起きる）――ここで笑ってくれた人は偉いです――バスの格好をした戦車に乗って、真珠湾に行きます。

注意事項は？

独研総務部長代理（兼・自然科学部長）
青山千春博士
一一時にバスが迎えに来て、真珠湾に行きます。なのでここは約一時間見ることになります、お土産屋さんに行くのも含めて一時間です。

青山繁晴
今日は時間が非常にタイトです。お土産屋さんで時間取りたいなぁという方もいらっしゃるでしょうが、その通り、お土産屋さんも、アメリカ陸軍博物館のショップは大事な場所です。日本ではあり得ないものも売っていますから。

ただ、自分でも時計をよくご覧になって一一時にはバスに乗らないといけませんので、やはり一〇時五五分には集まりましょう。

今日は土曜日なので、ほかの方もいっぱい来られていますから、迷惑にならないようにしましょう。わたしたちはマナーの無い中国人観光客ではないので。

中国のひとたちも沢山、来ると思います。とくに真珠湾には多いです。

何か困ったことがあったら、とくに英語で困ったらぼくでもいいですが、ふたり紹介します。

彼女はヘイワース美奈といいます。独立総合研究所の研究員です。ちょっと独研のハワイ駐在員にも見えちゃいますが、ヘイワースというのはハワイに住んでいるからではなく、ご主人がアメリカ人だからです。東京の独研本社の研究員ですが、彼女の英語は完璧です。日常会話はぼくより上です。何か英語で頼みたいことがあったら、この美奈ちゃんに頼んでください（拍手が起こる）。

それからもうひとり、彼は青山大樹本部研究員、本部研究員というのは社会科学部と自然科学部のある研究本部で、唯ひとり社会、自然の両科学部にまたがって仕事をしているという立場です（拍手が起こる）。

それでは、中へ入りましょう。

拡声器を持ったりすれば、ほかの来館者に迷惑になりますから、ぼくは地声です。大事なことが聞こえないと困るので、みなさん、なるべく固まって近寄ってください。一部狭い通路とかもありますが、その辺も気を付けてください。

とくに陸軍博物館は狭いので、くどいですが、ほかのお客さんの迷惑にならないようにしましょうね。それからこのあいだ六時間二〇分の講演をやってぼくは喉をやられているので、なるべくタイトになってくださいい。

じゃあ入りましょう。

（陸軍博物館の中に入る）

このあたり（入口付近）の展示はハワイの歴史ですが、すみません、省略します。なんとなく左右を見ながら来てくださいね。時間がないのでここは通り抜けるだけ、ただし、その看板見てもらうとCOAST《コースト》 ARTILLERY《アティラリィ》とありますね。

アティラリィというのは大砲とか砲台という意味です。ちょっと中に入ってもらえますか。ここにジオラマがありますが、陸軍博物館自体がこのジオラマ（P12下写真参照）で展示されている砲台の、もとは一部だったわけです。

これは何を意味しているかというと、アメリカはハワイを守るためにこのような大きな砲台を作って、兵士の訓練をして、海からの脅威に備えていたということなのです。

そちらの写真の軍艦には日本海軍の旗が付いています（P14下写真参照）が、日本海軍の船ではなく、アメリカ海軍の古い船を標的艦にしているわけです。こういう艦艇を沈めて訓練していたのですね。

なぜこれをアメリカが展示しているかというと、こういうものがまったく無駄になったということを正直に示しているのです。

どういうことか？

いざ日本海軍がやってきたときは、船ではなくて、船は遥か彼方にいて、そこから航空機でやってきたので、こういう訓練は全部無駄でしたということを展示しているのです。

勝ったからといって勝ち誇るのじゃなく、ありのままにフェアに後世の人のために展示しようという姿勢が、もうここにも出てきます。

じゃあ次に行きます。

はい、来てください。通路は空けてくださいね、くれぐれもほかの方の邪魔にならないようにしましょう。

ここから本番です。ここにA GATHERING《ア ギャザリング》 STORM《ストーム》と書いてあります。ストームは本来の意味は嵐ですが、これは新聞用語で「迫り来る災難」などという言葉です。

この場合は、戦争の脅威が始まったという意味ですね。

入っていただくと、いきなり正面に日本軍の兵士（等身大の人形）が一人いる（P15下写真参照）のですが、南京を攻略したときの日本軍の写真が飾ってあって、日本の中国進出が戦争の開始に繋がっていくと書いてあります（P28写真参照）。見ていただくとお分かりのように、「中国を侵略した」とは書いていますが、その理由としてMILITARISM《ミリタリズム》、すなわち軍国主義とかは一切記されておらず、日本は資源がなく、それを死活的に必要としていたからと書いてあります。

ここは大変狭いんですが、一人ずつ匍匐《ほふく》前進で（笑いが起きる）入ってください。はい、入りましょう。

説明が書いてありますが、中国での市街戦、日本が南京を占領していったとあります。

そのときにアメリカ軍の小さなガンボート、ガンボートとは小舟に小さな銃を載せている

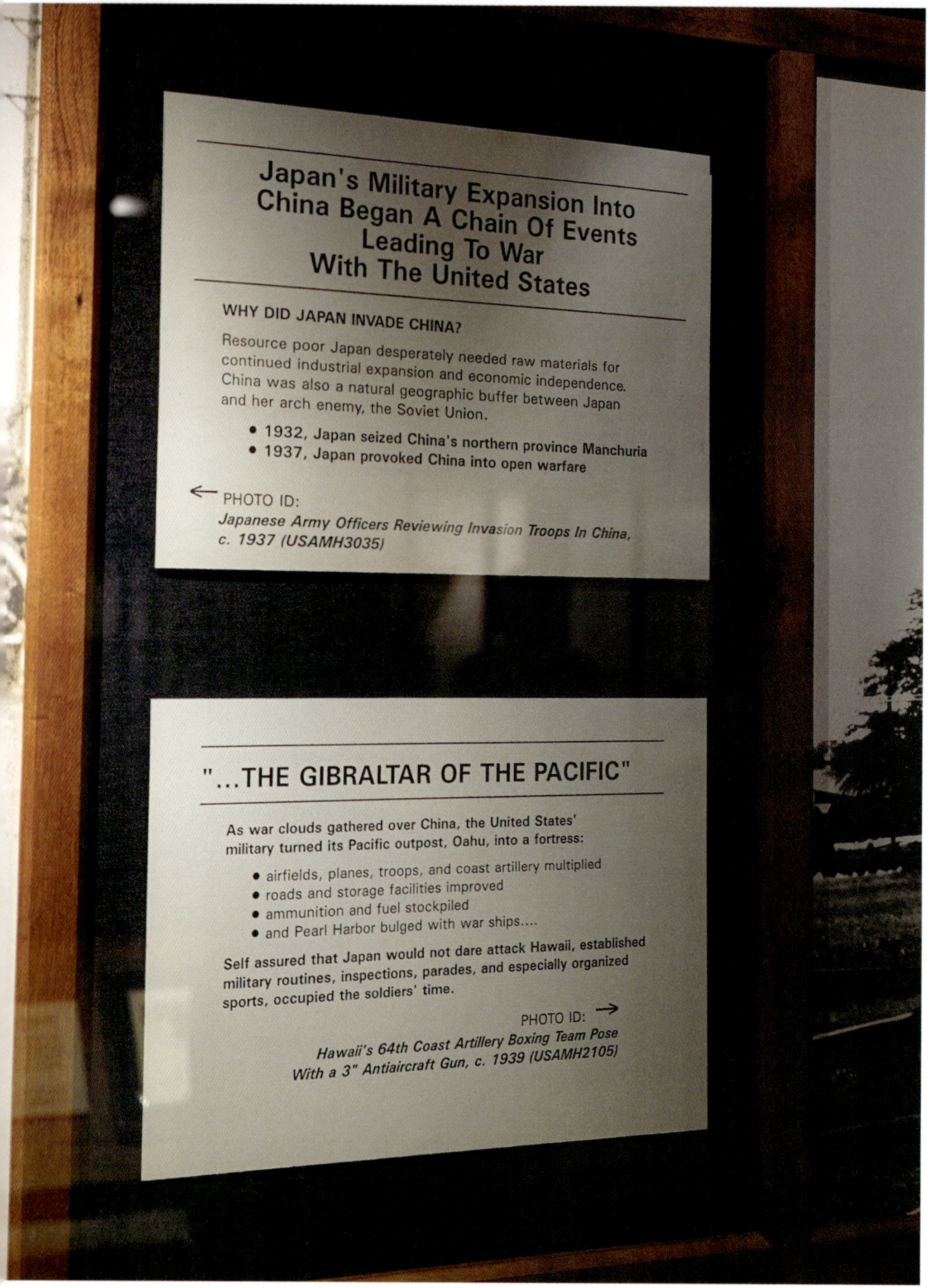
Japan's Military Expansion Into China Began A Chain Of Events Leading To War With The United States
WHY DID JAPAN INVADE CHINA?
Resource poor Japan desperately needed raw materials for continued industrial expansion and economic independence. China was also a natural geographic buffer between Japan and her arch enemy, the Soviet Union.
• 1932, Japan seized China's northern province Manchuria
• 1937, Japan provoked China into open warfare
← PHOTO ID:
Japanese Army Officers Reviewing Invasion Troops In China, c. 1937 (USAMH3035)
"...THE GIBRALTAR OF THE PACIFIC"
As war clouds gathered over China, the United States' military turned its Pacific outpost, Oahu, into a fortress:
• airfields, planes, troops, and coast artillery multiplied
• roads and storage facilities improved
• ammunition and fuel stockpiled
• and Pearl Harbor bulged with war ships....
Self assured that Japan would not dare attack Hawaii, established military routines, inspections, parades, and especially organized sports, occupied the soldiers' time.
PHOTO ID: →
Hawaii's 64th Coast Artillery Boxing Team Pose With a 3" Antiaircraft Gun, c. 1939 (USAMH2105)

「日本の中国への軍事的拡大（expansion）が日米戦争に繋がる連鎖を引き起こし始めた」がタイトル。文中のinvade, invasionという言葉は米国自身の日本への軍事行動にも使われていて、「侵略戦争」の意味ではない。

ぐらいのものですが、それを日本軍が沈めてしまったので日本とアメリカの戦争が近づいたと書いてあるのですが、それだけです。

南京でのGENOCIDE《ジェノサイド》あるいはSLAUGHTER《スローター》、つまり大虐殺とか、そういう言葉は一切ありません。事実を記しているだけです。

中国があとで作った嘘については完全に無視しているわけです。

こういうところを中国共産党政権はもちろん注目していて、ここの改装などを迫っている事実を、ぼくはワシントンＤＣでアメリカ政府の当局者から確認していますが、アメリカは今のところは全部、撥《は》ねつけているのです。

アメリカというかアメリカ軍が撥ねつけています。ここは陸軍の管轄ですから。

この展示されている日本兵（人形）の持つ機関銃は本物です（Ｐ15下写真参照）。これがいかに先進的なものだったかと書いてあります。オートマチックで冷やすのも実に効率よかったと書いてあって、日本軍の兵器を褒《ほ》めてあるだけです。

南京攻略で日本軍が進軍したときのことが書かれてありますが、さっきも言った通り、非難する言葉はただの一言《ひとこと》も書かれていません。

じゃあ、順番に見てください。人が通れるように後ろ通路を空けてくださいね。

ここからが本番のさらに本番です。

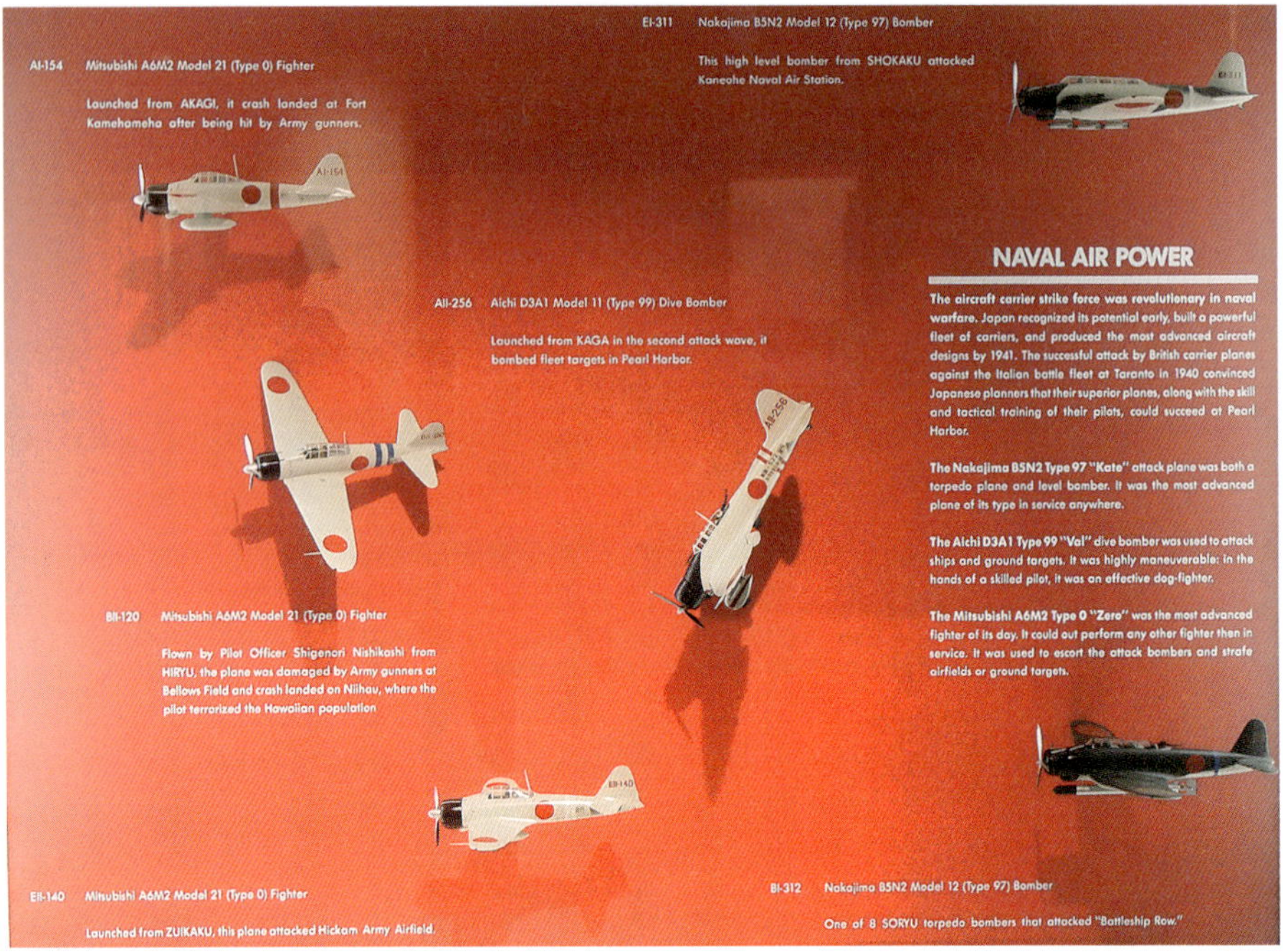
AI-154 Mitsubishi A6M2 Model 21 (Type 0) Fighter
Launched from AKAGI, it crash landed at Fort Kamehameha after being hit by Army gunners.
EI-311 Nakajima B5N2 Model 12 (Type 97) Bomber
This high level bomber from SHOKAKU attacked Kaneohe Naval Air Station.
NAVAL AIR POWER
The aircraft carrier strike force was revolutionary in naval warfare. Japan recognized its potential early, built a powerful fleet of carriers, and produced the most advanced aircraft designs by 1941. The successful attack by British carrier planes against the Italian battle fleet at Taranto in 1940 convinced Japanese planners that their superior planes, along with the skill and tactical training of their pilots, could succeed at Pearl Harbor.
The Nakajima B5N2 Type 97 "Kate" attack plane was both a torpedo plane and level bomber. It was the most advanced plane of its type in service anywhere.
The Aichi D3A1 Type 99 "Val" dive bomber was used to attack ships and ground targets. It was highly maneuverable: in the hands of a skilled pilot, it was an effective dog-fighter.
The Mitsubishi A6M2 Type 0 "Zero" was the most advanced fighter of its day. It could out perform any other fighter then in service. It was used to escort the attack bombers and strafe airfields or ground targets.
AII-256 Aichi D3A1 Model 11 (Type 99) Dive Bomber
Launched from KAGA in the second attack wave, it bombed fleet targets in Pearl Harbor.
BII-120 Mitsubishi A6M2 Model 21 (Type 0) Fighter
Flown by Pilot Officer Shigenori Nishikashi from HIRYU, the plane was damaged by Army gunners at Bellows Field and crash landed on Niihau, where the pilot terrorized the Hawaiian population
EII-140 Mitsubishi A6M2 Model 21 (Type 0) Fighter
Launched from ZUIKAKU, this plane attacked Hickam Army Airfield.
BI-312 Nakajima B5N2 Model 12 (Type 97) Bomber
One of 8 SORYU torpedo bombers that attacked "Battleship Row."
のびのびと自由に舞うかのような日本海軍の戦闘機と戦闘爆撃機の群れ。これが敵だったアメリカの展示なのだ。

「太平洋戦争が始まりました」という展示になりましたが、この部屋に入ったらいきなり正面に、ゼロ・ファイターとして世界に知られた零戦、零式艦上戦闘機や帝国海軍の飛行機が丁寧に模型で再現されて飾ってあります（P30写真参照）。日本人が忘れた細部に至るまで徹底的に復元されています。

もう、滅茶苦茶に褒めています。

この展示は一体どこの国がやっているのかと思いますよね。

この、まさしくこのハワイの頭の上を零戦をはじめとする爆撃隊、攻撃隊が入ってきて、真珠湾の軍事施設をほとんど完璧に叩きのめしたのですが、それを絶讃しています（驚きの声が次々に上がる）。

じゃあ部屋の奥へ入って行きましょう。

今朝は幸い人が少ないですね。

どうぞ、入ってください。まずこっちを見てもらうと、航空母艦の小さめのモデルがあるのですが、これがわたしたちの先輩の大日本帝国海軍の空母「赤城」です（P14上写真参照）。ここではこんなに小さいですが、真珠湾に行くと、もっと大きなスケールモデルとして完全復元されています。あとでそれを見ることになります。

ここに展示してある飛行帽と飛行マスクは本物です。

日本海軍のパイロット、七四年前（西暦二〇一五年時点）、わたしたちの先輩がお付けになっていた物ですね。

当時の再現と言えば、真珠湾攻撃を受けたアメリカ兵で今も健在の九四歳近くのかたがいらっしゃって、今日後半に訪れる太平洋航空博物館、Pacific《パシフィック》 Aviation《エイヴィエイション》 Museum《ミュージアム》 ではひょっとしたらお会いできるかも知れません。お身体の調子によりけりですが。

ぼくらはみな、「真珠湾攻撃は卑怯だったとアメリカ人は怒っている」と教わりましたね。さて、当事者中の当事者がどう考えているか、この方にお会いすれば分かると思います。

ぼくはこの方が実際、どう仰っているかを事前にはまったく聞いていません。お名前もまだ知りません。ぼくの話に都合よく合う話をされるから会いたいのではありません。演出めいたことは、ぼくらは決してやりません。

みんなの前でぼくとその方が、事前打ち合わせを一切せず、通訳もはさまず米語で直接対話をして、真珠湾攻撃を今、どう考えておられるか、それを拝聴します。会えればいいですね。お体が良いときだけ、太平洋航空博物館にお出でになるそうです。

さて、こちら（P30写真参照）を見て欲しいのですが、日本では一般にはまず語られない零戦の細かいタイプの違いが丁寧に示されています。

例えばこれは三菱ではなくて中島飛行機（敗戦で解体）のモデル、タイプ97B5N2モデル12、こういうふうに徹底的に綺麗に分けて展示されていて、説明文が書いてあります（P13写真参照）。

「海戦において（日本がおこなった）航空機攻撃は誠に革命的であった」と記されています。「日本は一九四一年という戦争の早い段階において航空戦力の潜在力に気が付いていた。したがって非常に強力な空母による艦隊を建設し、最も進化した航空機を作った」、さらに「日本は一九四〇年の英国の戦いから学んで飛行機を作り、そしてパイロットの技術を向上させていけば真珠湾を成功裏に攻撃できることを確信した」と書いてあって、説明は以上なのです。

真珠湾の攻撃は卑怯とか、軍国主義とか、帝国主義とかは一切書いてありません。要するに海戦において日本が最も先進的だったということだけが書いてあって、そしてそれぞれの中島、愛知、三菱――とくに愛知などは日本では忘れられているのに――それを丁寧に説明して展示しています。

（中島飛行機は戦前、世界有数の航空機メーカーだった。GHQは二度と復活しないように実に一二社に

「トラ！トラ！トラ！」とカタカナで大書されているのを見る、IDC会員と青山繁晴。写真撮影も自由だ。

分けて解体した。そのひとつがスバルの自動車で知られる富士重工業。愛知は戦前に存在した海軍向けの軍用機メーカー。現在は、自動車エンジンなどを手がける愛知機械工業）

ちょっと見てください。

残念ながら撃墜された日本の飛行機の破片や零戦に付いていた時計、そういった物が展示されています。

それから後方のパネル（P33写真参照）はみなさんご存知の「トラ！　トラ！　トラ！」。真珠湾攻撃のときの日本海軍の暗号ですね。攻撃開始を意味します。

この暗号は、ワレ奇襲ニ成功セリ、という言葉に置き換えられます。しかしその意味は、これまで誤解されてきました。その誤解の背景にも、真珠湾攻撃は卑怯だったんだという思い込みがあります。

日本の準備した真珠湾攻撃は、まずその攻撃の三〇分前にアメリカに宣戦布告を通達し、その結果のアメリカ軍の動きによって、ふたつに分けて考えていました。すなわち、アメリカ軍の迎撃態勢が実力を発揮できる前に攻撃となる「奇襲」と、アメリカ軍が迎撃態勢を整えてからの攻撃となる「強襲」とのふたつのケースです。

前者の場合は、艦上攻撃機（艦攻）が魚雷を投下する対艦攻撃（雷撃）を優先し、後者の場合は、艦上爆撃機（艦爆）による急降下爆撃でアメリカの迎撃力を破壊する攻撃を優先することになっていました。

攻撃隊長の淵田美津雄・海軍中佐は前者の「奇襲」となったと判断し、搭乗機の九七式艦上攻撃機から空母赤城にトラ！　トラ！　トラ！と打電したのです。

したがって「卑怯な奇襲に上手く成功した」という意味では全くなく、「奇襲による攻撃開始に成功したので、艦攻による対艦攻撃を優先して、これから戦う」という意味です。

そしてこれは本来は大日本帝国海軍が撮った写真ですが、空母赤城から第一陣が出撃する前に最後のミーティングを行っているところの写真、これも非常に公平に展示しています。

このあたりを見ていただくと、みなさんご承知の海軍大将・山本五十六閣下ですね。連合艦隊司令長官の山本海軍大将の写真（P16上写真参照）をこのように尊敬を込めて展示していて、しかも深い含蓄があるのが、山本五十六大将の有名な言葉がここに載っているのです。

つまりアメリカが真珠湾攻撃を批判するのではなく、わが山本五十六長官が自らを省みて何とおっしゃったかが英訳して掲げられています。

「日本は戦術的な成功にもかかわらずアメリカの空母を一隻も沈めることができなかった。さらに艦船の大事な修理施設あるいは燃料の保管施設を破壊することができなかったので、やがてそれが日本の破滅に繋がっていく」という趣旨が記されています。

その下に山本長官が一九四二年、真珠湾攻撃の翌年におっしゃった言葉が、これも英訳されて掲げてあります。

「真珠湾に対して第二次の本格的な攻撃を行わなかったのが大きな失敗だった」と書かれています。

連合艦隊司令長官のいわば自己批判、内部批判を正確に紹介しているわけです。

そして、後ろを振り向いていただくと、まず上の写真（P15上写真参照）を見てください。HEROIC《ヒロイック》と書いてあります。

昔ぼくはここに来たとき、ああやっぱりアメリカは英雄だと言うつもりなのだと思ったのです。そうしたら、見ていただくと分かるように、HEROIC《ヒロイック》と書いてある後ろにBUT《バット》 NOT《ノット》 ENOUGH《イナフ》と。「英雄的だ。でも足りてなかった」と書いてあります。

こんなに面白い国がほかにあるのかと思うのです。ここに、真珠湾で日本軍を迎え撃った五人の勇敢な将兵のことを紹介しているのですが、「こんな反撃ぐらいじゃどうにもならねえだろ」と言っている。

一人ひとりが不充分ではなく、一人ひとりは頑張ったけれども、全然体制が出来ていなかったから反撃は不充分だったということですね。英語としてHEROIC《ヒロイック》 BUT《バット》 NOT《ノット》 ENOUGH《イナフ》というのは、例えばイギリス人がこういうことを言うのはぼくには考えられません。アメリカ人でないと言わないと思います。

要するに正直に公平に言っているというのが、この象徴的な言葉です。はい、見られた方はどんどん中に進んで行ってくださいね。


はい、みんな来てください。

ここはただの狭い廊下ですが、この陸軍博物館の展示のキモになる所（P16下写真参照）です。一九四一年の一二月に真珠湾攻撃がありました。そのたった半年後の一九四二年六月のミッドウェー海戦で、日本海軍は壊滅的な打撃を受けます。本当は真珠湾攻撃の成功からわずか半年後に日本は負けたのも同然だったのです。一九四二年六月の段階で、もしもアメリカが応じるのであれば……ではありますが、講和すべきでした。それぐらいミッドウェー海戦で完膚なきまでにやられました。

なにをやられたかと言うと、真珠湾攻撃と対照的に日本海軍は先ほど模型が展示されていた赤城も含めて、主な空母をほとんど失ったのです。

したがって残ったのは戦艦大和、戦艦武蔵のように、すでに時代が変わってしまって出撃してもほとんど戦うことができない船だけなのに、その後三年間ズルズルと戦い続けて、多大な犠牲を出したというのが太平洋における日米戦争です。そういう日本の失敗には触れずに、アメリカ合州国の側がここに公平に書いています。

それは、真珠湾攻撃の経験を踏まえて、アメリカは日本の無線情報などを徹底的に研究し、ミッドウェーで日本海軍がアメリカ機動部隊を待ち伏せしようとしているのを事前に知っていたので、日本海軍を叩きのめすことができた——叩きのめすという嫌な書き方はしていませんが——要するにそういうことです。

アメリカのほうがむしろ待ち伏せをしましたと書いてあります。

「このミッドウェーの戦いが戦争の転機になって、ハワイは再び安全になり、合州国は守勢から攻撃に転じたのであった」とも書いてあります。

実はアメリカはそこまでしか言っていません。そして日本は本当は——ぼくがいつも言っている通り、なぜ戦争になったかの話だけではなく、なぜ負けたかを考えないといけないのです。

ここにHAWAII《ハワイ》 WAS《ワズ》 SAFE《セーフ》と書いてあります。短い英文ですが、ここに込められているのはこういうことです——アメリカからしたら、日本は真珠湾をあれだけ攻撃したのだから、その後に日本陸軍が上陸してきてハワイが占領されると思ったのです。当たり前ですよね。

ところが日本はただアメリカの船を、それも空母は一隻もなく、戦艦などを沈めただけ、さらには最も肝要な燃料貯蔵基地も叩かず、みんな引き上げてしまった。

これは誠に奇妙な話であり、襲うのであればハワイ占領も考えなければいけなかった。

さきほどハワイ王国が日本にハワイと連邦を組んでほしいと申し出たのを日本は断ったと言いましたが、その後もう一度一九四一年一二月にチャンスがあったわけです。

陸軍海軍がおかしな張り合いをしていないで統合作戦を展開していれば、日本陸軍が上陸して少なくとも部分占領することも可能だったでしょう。もちろん多くの陸兵を運ぶのは大変ですから、作戦全体に大きな影響を及ぼして、大規模占領は果たして実行可能だったかどうかは課題があります。しかし統合作戦による占領がまったく検討された気配も無いことには、深い問題があります。

アメリカはハワイについても「アメリカは国が生まれてから一度も外国に襲われたことがない。アメリカを襲う国などあるはずない」という固定観念に冒《おか》されており、それを日本が突然、打ち破ったわけです。

この陸軍博物館は、「ハワイのアメリカ陸軍の守りは非常に手薄で、強力な日本陸軍が上陸していればあっという間にハワイを占領されていた恐れがあった」ということを自ら認める展示をしているのです。

実際、ぼくがワシントンＤＣで現役の陸軍当局者と議論すると、「その場合、日本としては日露戦争と同じように、もしも戦争を続ければ負けるけれども、その時点では日本が優勢な形で講和を持ちかけることはできたはずだ。不思議なことに、日本はそれを一度も考えた節がなく、敗戦後も一度も語られたり研究されたことがない。なぜなんだ。空から海から攻撃しておきながら、あとから陸軍が来るということが考えられもしなかったのは分からないね」という話が出るのです。

アメリカからすれば日本陸軍の攻撃に備えようと思っていたのが、ミッドウェーでミラクルを起こしたおかげでHAWAII WAS SAFE《ハワイ　ワズ　セーフ》、ハワイが占領されることがなくなったということを、ここに簡潔に記してあるのです。

こちら（P40写真参照）を見てください。

アメリカはここに神武天皇のお顔を出しています。

歴史を公平に書いてあるのですが、日本側は神武天皇と昭和天皇、それから東條英機総理のお顔が、アメリカ側の人々と完全に対等に、自然な敬意を込めて淡々と描かれています。

この神武天皇のお顔はどこから持ってきたのか分かりませんが、敗戦後の日本人がほとんど関心を持っていない神武天皇をちゃんと表示してあります。

陸軍博物館ですから、ここに日本の武器が展示してあって、旭日旗——韓国が忌み嫌う旭

神武天皇から昭和天皇、東條英機総理まで日本の歩みを客観的に述べてあることを解説する、青山繁晴。「神話に過ぎない」あるいは「A級戦犯」といった否定的記述は全くない。

日旗もごく普通に展示してあります。
日本のお猪口（P41写真参照）もあります。これが英語の説明だとCEREMONIAL《セレモニアル》 SAKE《サケ》 CUPS《カップス》、儀式、祭式で使った日本のお猪口と書いてあります。ぼくはこれを日本で見たことがないのですが、実際に支那事変記念ということで桜、日章旗、鉄兜がきちんと描かれています。まあ、ちらっと見てください。

ご覧になったらこっちに来てください。

一昨日の下見ではたっぷり一時間以上かかりましたが、今日は早いです、幸先いいです。

この場所（P17写真参照）は、ぼくが唯一、アメリカ陸軍博物館で「おかしな展示だ」とワシントンDCの国防総省で当局者に批判したところです。

お猪口に描かれた桜、日章旗、鉄兜をみんなで見る。

この展示には「圧倒的な力」と書いてあります。何のことかというと原爆のことを言っているのです。

アメリカの担当官が計算したところ、日本を侵略する——自分ではちゃんとINVASION《インヴェイジョン》、侵略と言っています。つまり日本の真珠湾攻撃と違い、侵略する以上は占領するという意味です——日本を侵略して占領するには、アメリカの若者がさらに一〇〇万人のCASUALTIES《カジュアルティーズ》、死者を出すという結論に至りましたと述べています。

そして「一九四五年八月六日にエノラ・ゲイと名付けられたB29爆撃機がたった一発の爆弾を広島に落として、町全体を破壊した。そして三日後には長崎にもう一発落とした。これによりアメリカの力を見せつけることができたので、日本は無条件降伏を受け入れたのだ。したがって一〇〇万人の犠牲者を出すはずだったINVASION《インヴェイジョン》、侵略が必要なくなった」と書いてあります。

ちなみに、これとそっくりの文章がアメリカの小学校や中学校の教科書に書いてあります。ぼくがワシントンＤＣでアメリカの政府や軍の当局者に問題提起しているのは、次のようなことです。

「ワイキキのアメリカ陸軍博物館の公平な展示のなかで、原爆をめぐる展示だけは残念ながら事実に反しています。まず原爆投下がなく米軍が地上侵攻して本土決戦になった場合に、米兵に一〇〇万人も犠牲者が出るのはあり得ない。

一九四五年の五月二五日、すなわち原爆が投下される三か月半前にすでにアメリカ軍の日本本土への侵攻、占領作戦は準備としては始動していました。それは『ダウンフォール作戦』と名付けられていた。この作戦の総司令官は、マッカーサー大将で、海上支援の総司令官がニミッツ提督でしたね。この作戦に基づいてアメリカ軍の統合参謀本部が想定した米兵の犠牲者は最小七万人、最大でも五〇万人だった。

それがなぜ突然、倍の一〇〇万人に膨らむのですか？

後付けの弁明で、原爆を投下していなかったらこれだけのアメリカの若者が殺されたんだぞとアメリカ国民に刷り込んで、良心のうずきを抑えるのが本意だから、話が大きくなっているのではありませんか。

たとえば核をめぐる政策史研究の泰斗《たいと》、スタンフォード大学のバーンスタイン教授は『原爆が戦争終結を早めたという主張に根拠は乏しい。原爆を投下していなくても、ソ連の参戦によって一一月前には日本は降伏していただろう。アメリカの指導層のなかで一九四五年春から夏ごろに、五〇万人のアメリカ兵の命を救うために原爆を使用すべきと考えていたリーダーなど一人もいなかった。広島や長崎への原爆投下を決めたのは、二〇億ドルもの国費を費やしたプロジェクトであるから政治的かつ機械的な勢いが付いてしまったことと、第二次世界大戦の戦闘の結果、非戦闘員を巻きこまないというモラルが崩壊していたからだ』と指摘しています。

たとえば、ここワシントンDCのスミソニアン博物館の非公開の試算でも、本土決戦の場合の米兵の犠牲ははるかに少なかったという情報もある。アメリカ陸軍博物館の展示にある一〇〇万人というのは勝手な空想か、あるいは後付けで正当化するための嘘の数字にすぎない」

「したがって原子爆弾が日本に戦争を止めさせ、無益な犠牲者を出すのを防いだのではない。真相は逆ですね。戦争が終わりかけていて、早く原爆を使わないと人体実験ができなくなるから投下した」

「その証拠に、もし戦争を終わらせるためなら広島への一発で済むはずで、長崎にもう一発落としたのは、ひとつには科学実験は一度ではなく最低二度、実施して結果を付き合わせる必要があること、もうひとつには、広島に落としたのはウラン型、長崎に落としたのはプルトニウム型でそれぞれの効果を調べる必要があったのでしょう」――ということをアメリカ側に問題提起しています。

さらに、この展示にUNCONDITIONAL《アンコンディショナル》 SURRENDER《サレンダー》とありますね。

これをぼくも学校で「無条件降伏を受け入れた」と教わりました。みなさんもそう教わっているでしょうし、いまの子供たちもそう教わっています。しかし違います。UNCONDITIONAL《アンコンディショナル》、無条件のというのは、無条件の武装解除に応じたことを指すのであって、降伏そのものについては条件がちゃんと付きました。それは天皇陛下のご存在、日本の国体を護《まも》るという条件を付けて降伏したのであって、UNCONDITIONAL《アンコンディショナル》ではなくCONDITIONAL《コンディショナル》、条件付きです。

だからそこを混同している展示だということもアメリカ側に申しています。実はアメリカの国務省、あるいは国防総省でも当局者によっては「その通りだ。確かにUNCONDITIONAL《アンコンディショナル》 SURRENDER《サレンダー》とは違うよね」と言います。

これはむしろ日本の政府からきちんと発信すべきことです。

昨日、下見の最後にぼくたちを真珠湾からここワイキキのホテルまで送ってくれた海上自衛隊の二佐、国際基準で言うと海軍中佐ですね。真珠湾の海側ではなく山側にあるアメリカ太平洋軍司令部（PACOM《ペイコム》〔PACIFIC《パシフィック》 COMMAND《コマンド》〕）に自衛隊から派遣され、米軍との連絡将校を務めているエリート自衛官です。

このひとと二〇分間、車の中で話しました。

彼の卒業した防衛大学校は国際的には士官学校ですが、その防大でも無条件降伏と教えているわけです。そもそもその認識が間違いで、学校教育は防衛大学校も含めて全部やり直さなければなりません。

ぼくは彼に「みなさんは真珠湾にいてその現場を見ているのだから、もう一度勉強し直してくれませんか」と問題提起しました。

無条件降伏かどうかの問題だけではなく、真珠湾のフェアな展示そのものにも、驚いたことに連絡将校の自衛官の誰も、陸海空を問わず気づいていないのです。日本からの観光客と同じです。ぼくらの思い込み、刷り込みが立場を問わず、どれほど深いかということです。

こういう現場で間違いを指摘できる自衛官になるべきじゃないかと、いつも話しています。

ここの展示について説明すべきことは大体言いましたが、もっと見る必要がある人は見てください。ちなみにあちらにナチス・ドイツの展示があります。アメリカはナチが大嫌いなので、嫌悪を込めてちょこっとだけ展示されています。


はい、ここへ入ってください。

狭いけれど幸いすいていますから。入ってください、全員。

みんな来ましたか？　さっきみたいにアメリカ人とすれ違ったら、HI《ハアイ》とかGOOD《グッド》

アメリカ陸軍博物館のいちばん奥に、日系人のためにフルに一室が特設されている。それがこのシンセキ陸軍参謀総長の部屋である。人種差別、戦争の歴史を超えた尊敬がある。

MORNING《モーニング》とか声をかけてくださいね。アジア人は声をかけないのでアメリカ人から見たら、そこは不思議なのです。

そしてここが陸軍博物館のどんつき、最後の部屋です。ここ（P46写真参照）で最終的にある日系人を絶讃しているのです。この方はいまも生きていらっしゃいます。Eric《エリック》 Ken《ケン》 Shinseki《シンセキ》さん、非白人で初めてアメリカ陸軍のトップに立った人です。陸軍参謀総長と言います。シンセキさん、漢字で書けば新関さんです。

シンセキさんのお父さんとお母さんの写真が展示してありますね。日系の二世です。したがってアメリカの敵国民になった時代のお父さんとお母さんです。この戦争の歴史はぼくらにとって遠い感じがしないでもないのですけど、実際は現時点で（西暦二〇一五年現在）、七〇年しか経っていません。

シンセキさんは日系三世で、アメリカからしたらまだ憎まれてもおかしくない人です。でも、このシンセキさんがハワイ出身としてはもちろん、日系人で初めてアメリカ陸軍のトップになったということを、この部屋全体で褒めちぎっているわけです。

例えばこれはシンセキさんが若いとき、ヴェトナム戦争で怪我をして入院している当時の展示ですが、ここから始まり、ずっとこの部屋はシンセキさんの展示だけなのです。順番に見ていっていただいて、ざっとでいいです。きっとあとでまた細かく見る機会がみなさんにはあるでしょうから。

このモニターでしゃべっているのはシンセキさんご本人です。いまもご健在というか、ジョージ・ブッシュ政権のときにブッシュ大統領と対立しました。だからつい最近の人ですが、ラムズフェルド国防長官と大喧嘩したことでもアメリカではよく知られています。

中に入って、ここ（P48写真参照）を見ていただくと、シンセキさんが着ていた陸軍参謀総長の制服の本物です。これでわかるように小柄な人です。この写真は当時のアメリカ軍の首脳陣ですが、みんなでかい白人で、そのなかに一人だけ小柄な日系人がいます。このシンセキさんが陸軍のトップになったわけです。

もしも日米が太平洋で戦ったつい最近の事実について、アメリカが日本を軍国主義と考えていれば、やはりシンセキさんが陸軍のトップに就くことは無かったでしょう。

シンセキさんの体格が小柄だと分かる実物の制服。アメリカはリーダーに大柄な体格を求める「カウボーイ文化」だが、実力があれば小柄でも永遠に顕彰されるリーダーとなれる。

当時の日本の戦い方がフェアだったという考え方が受け継がれていて、ヴェトナム戦争というアメリカが初めて負けた戦争においても立派に任務を果たした人が、こうして評価をされて、肌の色の違いを乗り越えて——アメリカは本当はレイシズムの国です。人種差別はいまでもあります。だからそこまでフェアだと言っているのではありません——シンセキさんのいわば中身そのものを評価して、肌の色、あるいは背が小さいことに対する偏見を乗りこえて、このような特別室を作って褒め称えています。

アメリカが公平に評価しようと努力しているのは第二次世界大戦の時代から続いていて、いまも受け継がれているということが、この最後の展示室に表れています。

今日一日のなかで陸軍博物館は予行演習のような場所です。

でも、ワイキキの浜辺から歩いて二分か三分のところに、このようにわたしたちが教わってきた戦争の歴史と正反対のことを、真珠湾で徹底的にやられたアメリカの側が公平に展示しているのです。

あえて言うとここの展示は風前の灯かもしれません。なぜかというと中国がここに着目していますから。

そしてあらかじめお話ししておきたいことがひとつあります。

最後に訪ねる施設が太平洋航空博物館です。ちょうど今日の夕方、そこで中国による大展示会のプレミア・パーティが開かれます。中国は多額の現金を博物館側に渡しています。会場にはデカデカと英語でNATIONAL《ナショナル》 MEMORIES《メモリーズ》、漢字で「国家記憶」と書かれてあります。

つまり第二次世界大戦でアメリカと中国共産党は一緒に日本と戦ったという「国家記憶」の展示会だという意味です。

みなさんこれを嘘だと知っているでしょう？　もちろん、そんな事実はひとカケラもありませんが、それを大々的に展示する会のプレミア・パーティをちょうど今日の夕方にやります。

ぼくは反中と見られていますが本当は反中でもなんでもない反共産党です。中国には、こ

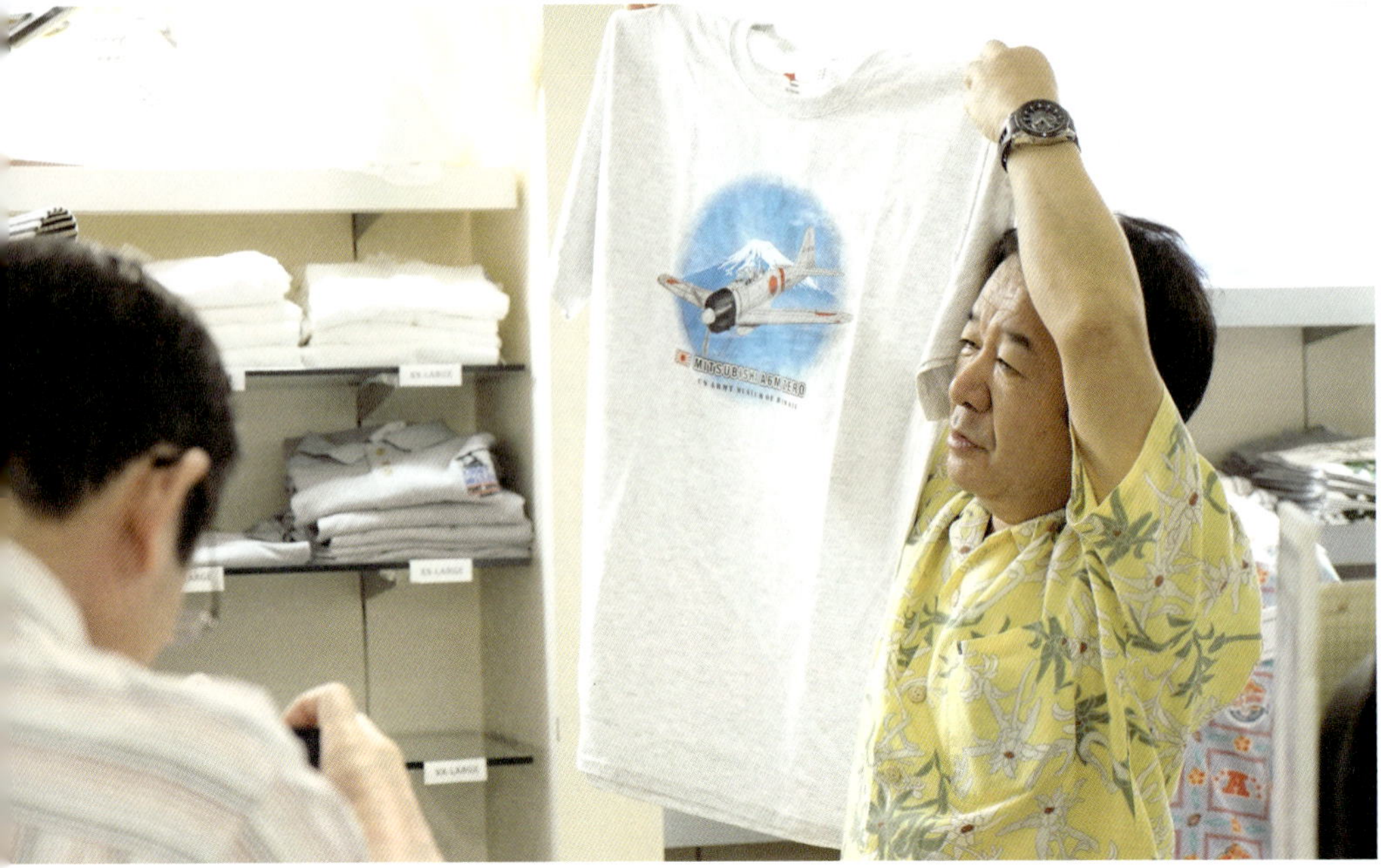

ショップで人気の定番商品は、美しい富士のまえを誇り高く飛ぶゼロ戦のＴシャツ。ふだんアメリカ人が喜んで買っていく。IDC会員はまず、「ザ・ゲンバ（現場）写真」を撮ってから購入。

ころが通じあった友だちが沢山います。中国共産党を批判しているぼくと、そのぼくの案内でみなさんが来る日に、このプレミアをやるというのも、面白い天の差配ですね。

中国共産党がどういった宣伝活動をしているのか、ぼくが「スーパーニュースアンカー」（関西テレビの報道番組）で何度も言ってきたことを偶然みなさん、目の前で見ることができます。

こういう展示はいつまで続くのでしょうか？

中国はお金の力によってどんどんやろうとしていますから、対抗するには日本は世論の力を持っていないといけません。だからこういう、みなさんとの現場行きを企画したわけです。

じゃあこのあと一五分ありますから、まず売店に行って、売店に用事のない方はもう一回見たかった場所を見てください。では、いまから売店に行きましょう。

みなさん来てください。こちらのレジにいらっしゃるのはアメリカ陸軍ＯＢのヨナミネさん（Ｐ21下写真参照）ですが、ご先祖は沖縄県民の与那嶺さんです。拍手（拍手が起こる）。これ（Ｐ50写真参照）を見てください、ここで売っているＴシャツの絵柄、「アンカー」で紹介したこともありましたが、きれいな富士山の前を零戦が誇り高く飛んでいます。日本ではこんなものを売ったら、きっと右翼だと思われますけど、ここではアメリカ人が、先の大戦を戦ったおじいさんも、ちいさな子供たちも喜んで買っていくＴシャツです。

ほかに旭日旗のバッジとか旭日旗のワッペンとかも置いてあります。

レジのヨナミネさんの計らいで、全商品一五％引きだそうです。はい、みんな拍手（拍手が起こる）。

ヨナミネさんとはもちろん何の利害関係も無いし、実はおつきあいも特にありません。しかし、さっきわたしたちの訪問の趣旨、アメリカの展示がフェアであることをみんなで確かめに来たと話したら突然、割引になりました。

真珠湾に向かう、貸し切りバスの車中

青山繁晴（バスの先頭に立ち、マイクを持って）

これから真珠湾に向かいます。二〇分ぐらいですから、あっという間です。で、今朝ハワイに着いた人もいるのですか？　はい、いらっしゃる、ありがとうございます。それ以外の方は前日かそれ以前にハワイにおいでになっているから、日本人が多いのはもちろんお気付きでしょう。中国人が多いけれど、日本人も多いでしょ。ところが真珠湾に行くと、日本人はほとんどいません。そして中国人は群れています。ぼくはこの違い自体が非常に大きな問題だと思っていて、クルマでたったの二〇分の距離ですが、真珠湾を見てくれる日本人がほとんどいないというのは、世界中の常識からしても信じがたいことだと思います。

さっきみなさんがご覧になった陸軍博物館、下見したのは一昨日ですが、珍しく日本の若い男女が四、五人いました。

まず、ハワイに住んでいる人、つまり日系人かなと思って、英語で話しかけたら通じません。それで日本語で言ったら通じました。「日本から来た観光客ですか？」と訊いたら、「ここに住んでいます」とのこと。

どうしてそれで英語が通じないのかと思ったら、自分たちは留学生だと言います。留学生なのに英語ができない？

でも陸軍博物館に来ただけ偉いと思って、そう言ったら、「え？　なんとなく入っただけっす」と。なんと、陸軍の施設であることも分かっていないのです。ワイキキを歩いていて無料だから入っただけなのですね。

ぼくが「きみたちが南京大虐殺だと教わったことと、違うことが展示してあるだろう？」と聞いたら、彼らは南京大虐殺という言葉自体を知らない。そして南京市も知らない。おそらく日本がアメリカや中国国民党軍と戦ったことも知らない。

彼らは、展示はちゃんと見ていたのですよ。英語がまったく分からないので、ちんぷんかんぷん。そんなわけでチャラチャラとその辺をウロウロして出て行っただけです。それを見てしまうと、やっぱり気持ちは明るくはならないですよ。

彼らを非難してもしようがありません。わたしたちの社会のシステム自体がおかしいのです。因みに中国人は留学先でホントに狂ったように勉強します。だから英語の上達も早いです。もともと言葉の並びが中国語と英語は似ているので、それもありますけど。たとえばVocabulary《ボキャブラリー》とかは猛烈に勉強して、あっという間にすごく増やします。

ところが日本においては、ハワイに来た留学生は――ハワイに留学している人には申し訳ないけれど――日本の大学に行けなかった人がハワイに留学するというケースが昔からありました。ぼくが大学生の頃からそうでした。アメリカの大学は入学は簡単、卒業は困難ですから入って、そして卒業できない。もちろん全員ではありません。しかしごく少数派かというとそれは違う。ちゃんと目的があってハワイ大学に入学し、優秀な成績で卒業する人もいるけど、ありのままに言えば多くはありません。それが、もっと劣化しているということを考えなくてはいけないと思います。

さらに彼らだけの問題ではなくて、ワイキキにあれだけ日本人の観光客がいらして、なぜ真珠湾には行かないのか。真珠湾に行かれた人でも、なぜ展示の意味に気がつかないのか。日本で思い込まされ、刷り込まれ続けていることとまるで違うことが展示してあるとなぜ、気づかないまま帰るのか。

日本は少なくとも中学から英語を丁寧に教えています。この頃では小学校からですね。年配の人でも最低六年以上は英語を勉強していて、なぜあの展示がおおまかにでも読めないのかという英語教育の問題も、もちろんあります。

しかしやっぱり底流にあるのは、わたしたちが世代を超えて思い込まされていること、「真珠湾攻撃は卑怯だったとアメリカ人が怒っている」という刷り込みがいかに深くて重いかということではないでしょうか。

だから、真珠湾展示館にまったく違うことが書いてあっても、ちょっと苦手な英語だし頭に入っていかない、そもそもせっかくハワイに来て嫌な思いをしたくないから真珠湾は敬遠して行かないということがあるのでしょう。ぼく自身、ミッションスクール、日教組の先生のいないキリスト教の中高に学んでも「真珠湾攻撃は卑怯だとアメリカ人に苛《いじ》められるから真珠湾には近づかないほうがいい」とヨーロッパ人の先生にも日本人の先生にも教わったのですから。

ただ、こういう人はまだ良い方で、学校で現代史をまったく教わっていないから真珠湾攻撃というものがあったということが意識になく、ハワイに何回来てもそこへ行こうという意識すら起きない、という日本国民もいっぱい、いらっしゃると思います。

アメリカは敗戦後の日本に「ウォー・ギルト・インフォメーション・プログラム（War Guilt Information Program／WGIP）、つまり戦争の惨禍はすべて日本が悪かったせいだと日本国民に思い込ませる工作を、メディアや教育を通じて徹底的に行いました。その結果も非常に大きい。しかし、それだけだと考えると、わたしたち自身を被害者にしてしまい、また他人事《ひとごと》になります。ぼく自身も含めて、われらをしっかり省みませんか？

今回ハワイは初めてという方はいらっしゃいますか？

あっ、半分ぐらいはそうですね。

住んでいる日本人はもちろん大変多いです。これから真珠湾に行く途中に日本人が最初に上陸した場所があります。そこにアロハ・タワーという爽やかなロマンのある塔が建っています。いまから二五年ほど前、青山千春博士が遠洋航海の練習船で東京港の晴海埠頭を出て太平洋を渡り、最初に寄港したのが、このアロハ・タワーのある岸壁だったそうです。

ぼくはよく、子育てについての質問も頂くのですが、この時こどもはまだ小さかった。しかしあえて青山千春を船に戻しました。そうしていなかったら、その後に博士号も取れなかったし、日本海での表層型メタンハイドレートを青山千春博士が発見することもなかっただろうと思います。

同時に、晴海埠頭でゆっくり遠ざかる船を見送っていた次男のちいさな背中を忘れることもありません。ぼくはアメリカ太平洋軍司令部で議論する仕事などで数知れず、このハワイに来ているわけですが、アロハ・タワーを見るたびにあのちいさな背中を思い出します。こどもにとって父であれ母であれ親の生きざまを見せるのが、いちばん大事だという考えは今も変わりません。

そのアロハ・タワーのあたりは日本語で書いた看板を出している店が残っていますが、アメリカ全土から日本人の数が減っているのは事実です。

このあいだ行ったロサンゼルスでも日本人がどんどん減っていると聞きました。ただ、いま見ていただいた陸軍博物館も含め、アメリカ〝軍〟の本音は、中国や朝鮮と組むのではなく、日本と組みたいという意思は非常にはっきりしています。

そして、わが自衛隊は現在、連絡将校、リエゾン・オフィサーを航空自衛隊は五人、海上自衛隊は三人、陸上自衛隊は四人の計一二人、国民から見ればきっと想像より多くのエリート自衛官をハワイのPACOM《ペイコム》、つまり太平洋軍司令部に送り込んでいます。

このPACOM《ペイコム》は、みなさんがこれから到着する真珠湾展示館の道を挟んだ向かい側にあります。PACOM《ペイコム》はもちろん、民間人は普通には中に入ることができません。今回も入れませんが、PACOM《ペイコム》の中で自衛官が十数人、任務に就いているということも頭に入れておいてください。

ちなみに、日本の民主党政権の時代にも、ぼくはPACOM《ペイコム》とアポイントメントをとって、東京からハワイに飛びました。今これからバスが停まる駐車場に車を停めて、横断歩道を渡ってPACOM《ペイコム》に入ろうとしたら、そこで携帯が鳴ってドタキャンされました。

理由を聞いたらそのときは答えてくれず、あとで手を尽くして聞いたら「ミスター・青山であっても民間人は本来入れない。よっぽどのSTRONG《ストロング》 AND《アンド》 SPECIAL《スペシャル》 REASONS《リーズンズ》（強い特別な理由）がないと入れないのだけれど、今回はそれに該当しない」と言われて、びっくりしました。

それまでは、そんなドタキャンは一切なく、PACOM《ペイコム》はむしろぼくの意見を聞きたいと言って歓迎だったのです。これはつまりアメリカが民主党政権を全然、信用していなかったということです。あのときの防衛大臣、副大臣、政務官、誰を通じてアポイントメントを依頼してもアメリカは民主党政権が信用できなくて、その紹介で来る人もお断りだったというのが真相です。

現在はまた、きちんと議論できる状況に戻って、ぼくはPACOM《ペイコム》を訪れています。このバスからもPACOM《ペイコム》の一部がチラッと見えます。ただのビルで、砦みたいになっているわけじゃありません。ただ、日本海軍が襲ってきたときもそこに司令部がありました。場所は当時のままです。

真珠湾は当然、海に面していますけれど、海の反対側の山にはアメリカ太平洋軍の統合司令部をはじめ海兵隊の司令部、艦隊司令部などがあるわけです。

さっきチラッと言いましたけれど、展示館の周囲も含めて真珠湾は軍にとって重要施設です。これは敗戦後の日本人の知らないハワイの真の姿で、アメリカ軍にとって最も重要な軍事拠点です。

したがってハワイはMILITARY《ミリタリー》 ISLAND《アイランド》、つまり軍事の島といってもおかしくないです。そしていま真珠湾自体がACTIVE《アクティブ》 NAVAL《ネイバル》 BASE《ベース》、生きている海軍基地です。だから、アメリカ軍関係者がよく真珠湾について、ACTIVE《アクティブ》 PLACE《プレイス》あるいはACTIVE《アクティブ》 NAVAL《ネイバル》 BASE《ベース》と、つまりいま生きている基地だから色々、注意してくださいと言います。

その横にヒッカムという空軍基地があって、日本海軍が襲撃したときは初弾をフォード島ホイラー飛行場へ撃ち込んだあと、このヒッカムを襲って飛行機の動きを抑えてから、アメリカの艦隊を雷撃、つまり魚雷で攻撃したという経緯があります。

その後に再建されて、ヒッカムも真珠湾の海軍基地もそのまま稼働しています。さっきみなさんのなかでラフターというハイテク戦闘機が上がっていくのを見たという方がいらっしゃいましたけど、それはヒッカムがあるからです。

そういうことに興味のある方、今日は何人かいらっしゃると思いますが、目を凝らしていただくと色々そういういうほかでは見られないものが見られます。まあ、アメリカ軍の根幹です、ハワイはほんとうは。

何か今日の陸軍博物館に関して質問のある方いらっしゃいますか？　いいですか？

今日は夜に懇親会もあって、みなさんのテーブルへと回っていきますから、そのときに質問には答えたいと思います。ですから質問のある方はそれまでに考えておいてください。

ホノルルというところは市街地を抜けているうちにそのままズルズルと高速道路に入ります。

日本の高速入口みたいな洒落たものがあるのではなく、個人住宅の横を曲がったら高速だというのがホノルルで、間もなくFREE《フリー》 WAY《ウェイ》、高速道路に入ると思います。

ちなみにぼくはこのようなバスに乗っているとき、バスガイドさんがずっと喋っているのが、そう好きでもありません。そういうわけで、質問がなければ一旦ぼくも座ろうと思います。もし質問がある方がいらっしゃるのなら、手を挙げてくだされればお答えします。いいですか？

もし一曲歌いたい方、いらっしゃるならマイク回しますから。もしバスガイドだったらいまから歌うところですね（拍手）。

うそでしょ？　歌うんですか？

♪見よ東海の空明けて♪

ぼくは軍歌は歌わないのですけど、これは軍歌と言うより戦時の国民愛唱歌ですね。子供の頃におやじが教えてくれました。

ちなみにこのあいだ、質問で「青山さんが天皇陛下のご存在を非常に大切なものとしてお話しになるのは、やっぱり家庭教育からですよね？」と聞かれましたが、これが違うのです。おやじもおふくろも天皇陛下のご存在については一言も話したことはありません。

日本は正しかったということを、おやじは良く言っていましたが、おふくろはおやじが言っている傍で「なにいうとんねん、負けたやん」と言っていました。おふくろは実の弟が戦闘機乗りで亡くなりましたけど、負ける戦争であったことに関しては非常に批判的でした。

そしてみなさん、話しているうちに、バスの右側に中国共産党中央宣伝部のクルマが現れました。このクルマに書いている漢字（「夏威夷」）はハワイという意味です。共産党中央宣伝部というのは冗談です。観光客用のマイクロバスですね。

ふだん、もっと大きなバスで大量の中国人を真珠湾に送り込んできます。

正直申して、マナーは最悪ですが、中国はあからさまにハワイに対して野心を持っています。本気を感じます。

何年か前にぼくはワシントンＤＣで国防総省の幹部に「ハワイに関して中国人はマジですよ」と言ったんです。

中国人民解放軍の首脳がアメリカ太平洋軍の当時の司令官キーティングさんに、ハワイ以東はアメリカ、ハワイ以西は中国で管理しようと言ったことがありましたね。二〇〇七年八月のことです。

ぼくは「中国は太平洋の分割支配というのも本気だけど、ハワイ諸島も分割、できれば島の多くを中国のものにするという底意もあるのですよ」と言いました。そのときは相手のペンタゴン（国防総省）幹部は「さすがに、そこまでは嘘でしょ？」という反応でした。

ところが、それから五年あとの二〇一二年に国務長官だったヒラリー・クリントンさんが、実際に証言することになります。東アジアサミットに参加したヒラリーさんが南シナ海の領有権について問題提起したとき「ハワイの領有権を主張することもできる」と中国政府の要人が発言したことを明らかにしたのです。

さらに今ではアメリカ軍も中国からたくさんお金を貰っているという現実があります。

賄賂とは限らない。賄賂なら摘発できるからまだいい。

アメリカ軍関連の研究の助成金だとか、合法か、違法合法のグレーゾーンで巨額のお金を出してくるから、始末に負えない。

ですから、これから見ていただくアメリカ国営の真珠湾展示館の貴重な展示もいつまであるのか。中国の手によって書き換えられる怖れも考えておかねばなりません。

その意味で、みなさんはむしろ歴史の証人みたいなものですから、写真撮影は自由だし、展示を写真に収めたりしながらじっくり、脳裏に焼き付けて見ていただきたいと思います。

じゃあちょっと座ろうかな。何かありましたらマイクを回しますから、質問してくださいね（拍手）。

アメリカ陸軍博物館案内図

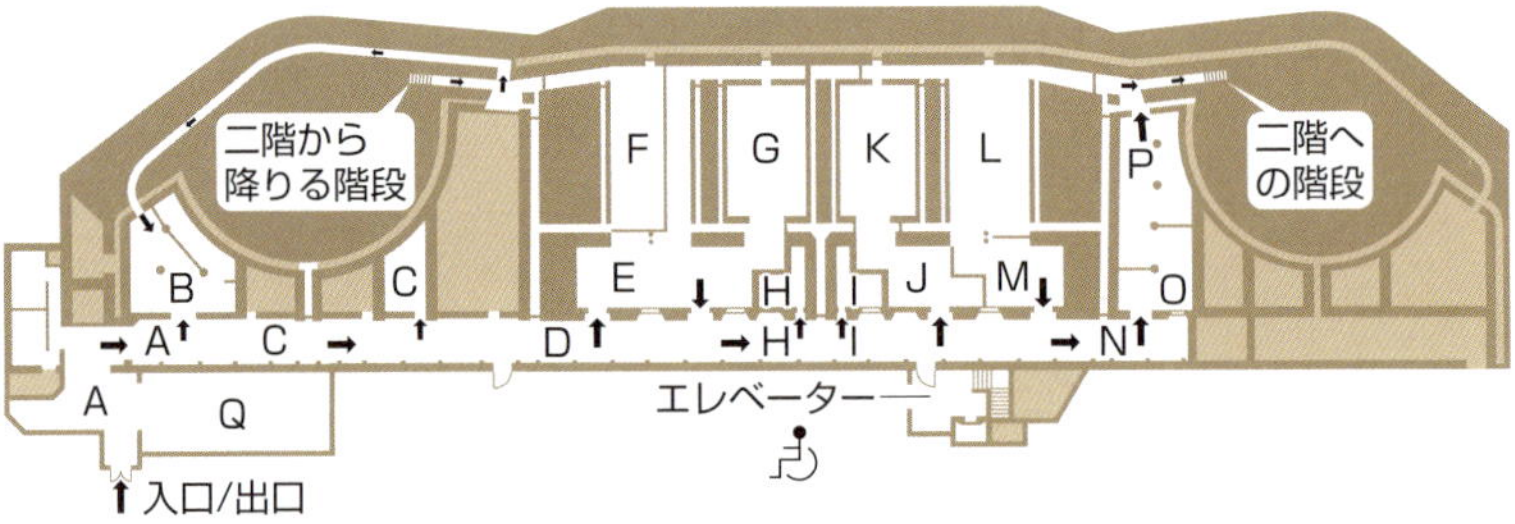

A. 案内所
B. 劇場／ギャラリー
C. ハワイの戦争
D. キャンプマッキンリー
E. 島の防衛
F. 弾丸の模写
G. 防衛体勢
H. 陸軍飛行隊
I. 戦争の風
J. 1941年12月8日
K. ハワイの防衛
L. ハワイの防衛
M. ハワイの日系アメリカ人
N. 朝鮮戦争
O. ベトナム戦争
P. 英雄達のギャラリー
Q. ギフトショップ

第二章　真珠湾ビジター・センター
PEARL HARBOR Visitor Center

World War Ⅱ Valor in the Pacific National Monument
National Park Service
1845 Wasp Blvd, Bldg #176, Honolulu, HI 96818
phone number is: 808-422-3399
http://www.nps.gov/valr/

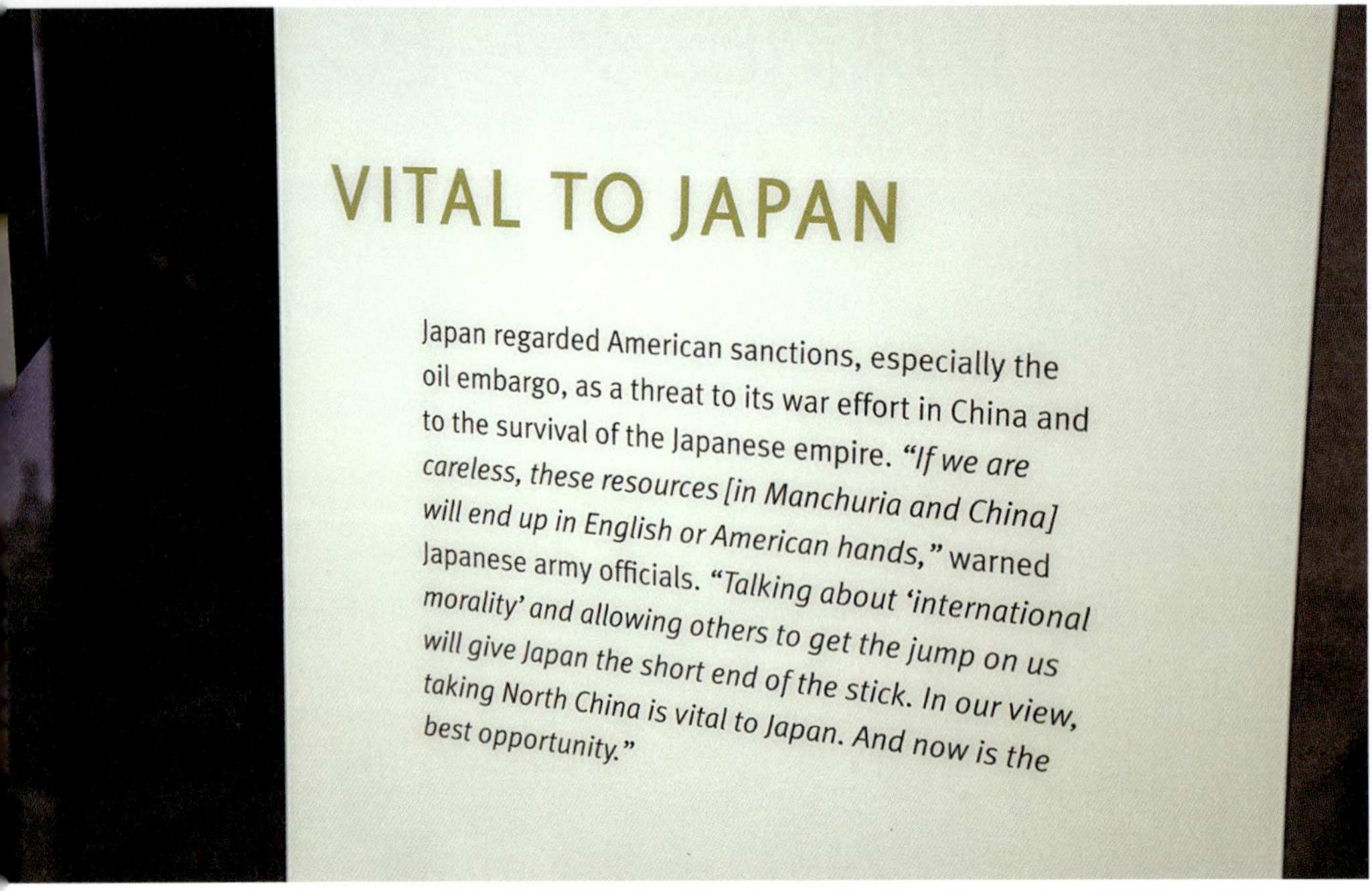
VITAL TO JAPAN
Japan regarded American sanctions, especially the oil embargo, as a threat to its war effort in China and to the survival of the Japanese empire. "If we are careless, these resources [in Manchuria and China] will end up in English or American hands," warned Japanese army officials. "Talking about 'international morality' and allowing others to get the jump on us will give Japan the short end of the stick. In our view, taking North China is vital to Japan. And now is the best opportunity."

アメリカによる日本への経済制裁、なかでも石油の輸出禁止が日本にとっては死活問題になったと明記している。当時の日本は石油の実に8割をアメリカに依存していた事実がある。

The objective of day to day training was to fit man and plane together until each fighter pilot knew and understood his craft and could put it through the paces as a jockey manages his racehorse.
Commander Mitsuo Fuchida, Akagi Air Group, Imperial Japanese Navy
Lieutenant Masao Sato's fighter unit poses on Zuikaku's flight deck, December 6, 1941.

日本海軍の若きパイロットたちの甲板上の集合写真を、敬意を持って掲げている。

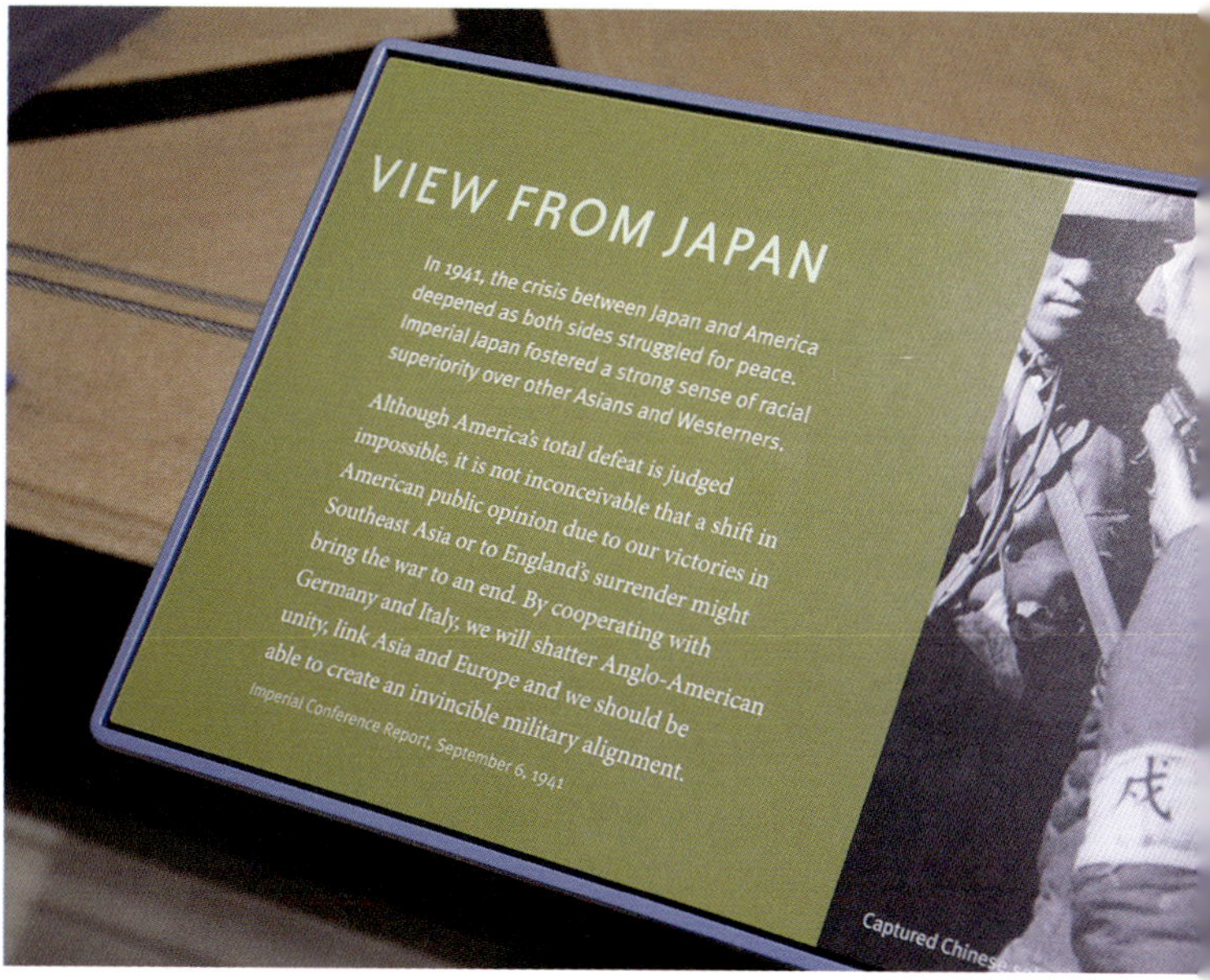
VIEW FROM JAPAN
In 1941, the crisis between Japan and America deepened as both sides struggled for peace. Imperial Japan fostered a strong sense of racial superiority over other Asians and Westerners.
Although America's total defeat is judged impossible, it is not inconceivable that a shift in American public opinion due to our victories in Southeast Asia or to England's surrender might bring the war to an end. By cooperating with Germany and Italy, we will shatter Anglo-American unity, link Asia and Europe and we should be able to create an invincible military alignment.
Imperial Conference Report, September 6, 1941
Captured Chinese

ed Chinese soldier at Nanjing, China, 1937.

日本軍の南京占領について「日本からの視点」を解説。中国の言う「大虐殺」、あるいは自殺した中国系アメリカ人作家の書いた本にある「南京の大量強姦」などの嘘は一切なく、中国兵を国際法に従い逮捕した写真がある。

真珠湾展示館の第２棟を入るとすぐに、アメリカの戦艦を雷撃する日本の艦上攻撃機が天井に再現されている。丁寧で実証的な造りに感嘆する。

その「艦攻」が真珠湾に魚雷を落とす瞬間を描いている。この絵はマグネットなどの土産物にも活かされている。

天井の艦攻は搭乗員がひとりひとり再現されている。この表情を見よ。凜々しく、余裕の笑みまで浮かべている。「何人かのパイロットが微笑むのを見た」（攻撃を受けたW・フラッド陸軍大佐）などの証言に基づく再現だ。

日本の常識とはあまりに逆転している展示内容に、IDC会員も驚きを隠せない。

日本の戦争が「軍国主義」に基づくのではなく、あくまで経済的理由によることをきちんと解説している。タイトルの「BOLD」には「挑戦的」という意味もあるが、西洋列強によるアジア支配への挑戦という解説内容だ。

Japan's Resource Interests in the Far Pacific
JAPAN
Iron
Oil
Rubber
Tin
CHINA
BURMA
Formosa
Hainan
THAILAND
FRENCH INDO-CHINA
Guam
PHILIPPINES
MALAY STATES
BRUNEI
CAROLINE ISLANDS
N. BORNEO
SARAWAK
SOUTH PACIFIC OCEAN
Sumatra
North
BORNEO
NEW GUINEA
SOLOMON ISLANDS
NETHERLANDS EAST INDIES
Java
0
900 Kilometers
PORTUGUESE TIMOR
PAPUA

鉄、石油、天然ゴム、スズ。東南アジアの資源が日本の国益を左右し、その東南アジア諸国がみな西洋列強に侵されて植民地化されていたことを公平に分かりやすく地図で明示している。

AGE OF THE BATTLESHIP
A symbol of national power and naval dominance, battleships are considered the mightiest weapons of war.
"There are many who believe the day of the battleship is over," Admiral William V. Pratt stated. "It is my opinion those who hold this view don't know what they are talking about." The United States, Japan, and other nations supported Pratt's view. They had negotiated treaties based on numbers of naval warships. But despite their great firepower and armor, battleships were vulnerable to torpedoes and mines—and aircraft.
Pacific fleet battle line in maneuvers, 1930s.

真珠湾攻撃の頃、アメリカがいかに旧式観念に囚われていたかを徹底自己批判している。戦艦を万能兵器、国力の象徴だと思い込んだ海軍提督の発言を紹介。日本も一旦は同じだったと記し、そこからの日本の脱皮を暗示する。

日本海軍の航空隊に撃沈された戦艦アリゾナの模型。卑怯な攻撃の犠牲者でもなく、自らを犠牲にしたヒーローでもなく、ただ遅れた固定観念に囚われていたために沈められた船として、突き放して再現している。

アリゾナの全景。人がいない。乗員が省かれてしまっている。

ようやくひとり居た。水兵が所在なげに立ち、この背後のブリッジ近くには艦長らしき人が居るのだが、そのたったふたりだけだ。

開戦直前の日米交渉をこれも客観的に説明している。青山繁晴は、この写真にあるコーデル・ハル国務長官の有名な「ハル・ノート」について踏み込んで分析した。周りのアメリカ人の中に興味津々で聴いている人がいた。

「1930年代の日本」。美しい富士の写真を掲げ「日本は、西洋が東アジアを威圧し支配することを終わらせようと考えた。東アジアには資源と新しいマーケットが期待できた」と記す。これを戦争の理由とする史観だ。

写真のコラージュだけみると「軍国日本」を強調しようとしているかに見えるが、実際の説明・解説はそうではない。訪れる日本のかたは英語の文章もしっかり読みましょう。

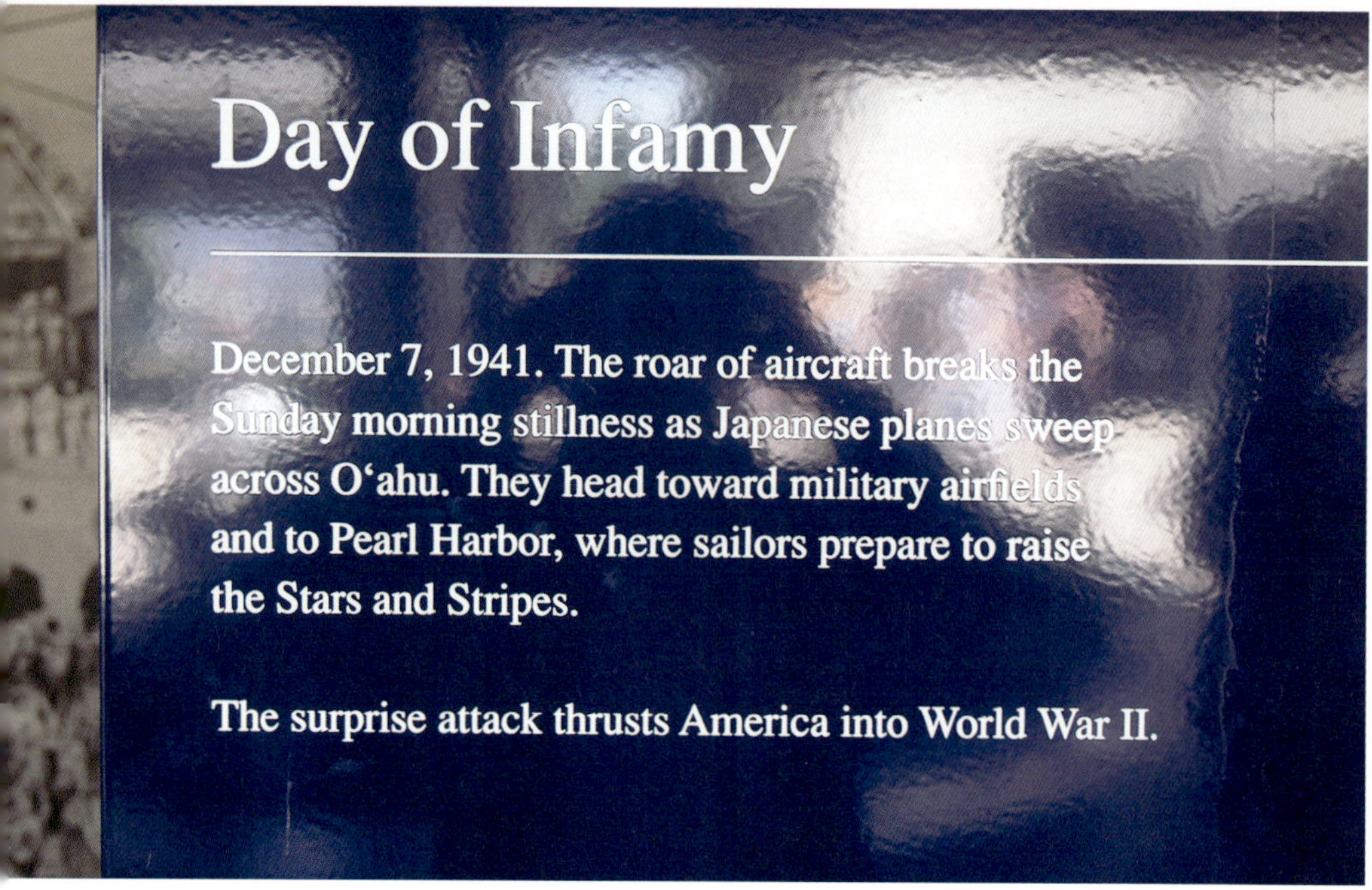
Day of Infamy
December 7, 1941. The roar of aircraft breaks the Sunday morning stillness as Japanese planes sweep across O'ahu. They head toward military airfields and to Pearl Harbor, where sailors prepare to raise the Stars and Stripes.
The surprise attack thrusts America into World War II.

真珠湾展示館第２棟の入口外には、まずこのパネルが立てられている。真珠湾攻撃の朝を「不名誉の日」と表現しているが、それがないと大戦に参戦しなかったことも示唆している。

戦死者、犠牲者の写真。右下は民間人の犠牲者だ。この写真だけを見ると、日本軍が民間人をも殺したと非難していると誤解するが、背後にある文字説明をきちんと見ると……

何気ない展示に見えるが、実は民間人の犠牲はアメリカ軍の誤射によると明記している。これも英語の文章を読まないと分からない。難しい構文、言葉などは使われていない。

燃えさかる戦艦アリゾナの死だけではなく、戦艦こそ国の力という固定観念の死でもあることを解説している。

真珠湾ビジター・センターの正門を出て、フォード島へのバスに向かう。正門の反対側は、アメリカ軍の中枢の一つ、太平洋軍司令部（PACOM／ペイコム）や太平洋艦隊司令部がある。

背後の山上から真珠湾を遠望する。左が展示館のあるビジター・センター。真ん中の橋を渡った右手がフォード島。島の左岸にまずアリゾナ記念館の白い建物が見え、その奥に戦艦ミズーリが係留されている。

真珠湾ビジター・センター入口にて

青山繁晴（正面ゲートの左横に立って）

みなさぁん、来てください。

こんなちっこい案内板（P76写真参照）ですけど、ちょっと全体を説明します。

正面ゲートを入って左に折れていくと、二棟の展示館があります。

この展示館では二時間くらい時間をとって見ますが、今日の本番の一つです。二時間ありますが、実際のところは時間が足りません。先ほどの陸軍博物館のように展示を色々飛ばしたりして、効率よく回ります。

それで、展示館見学が終わったら、橋を渡って、対岸のフォード島に入ります。そこは完全な軍事基地です。

本来は軍用パスがないと通れない橋ですが、あそこに停まっているシャトルバスに乗れば大丈夫です。ただ、一気に全員は乗れないかもしれません。ヘイワース美奈、青山大樹の両研究員がアテンドしますから、分かれても大丈夫です。

この橋を渡って——いま向こう岸の左側に見えますけど——戦艦ミズーリに行きます。ミズーリの下のほうにちいさなレストランがあるので、そこで昼食をとろうと思っています。ちょっと遅くなりますが、腹が減って倒れるって人はいますか？　大丈夫ですか？

広大な施設全体のゲートの横にある案内板。見る人にはハワイの明るい陽射しが降り注ぐ。

戦艦ミズーリは一九四五年九月二日に日本が降伏文書に調印した船です。その実際の場所が巨大戦艦の真ん中あたりにあります。でも、今日の本当の目的はその奥にあります。

そこには零戦が特攻機として突入に成功した跡がいまでも残っています。このミズーリは英語の愛称だとMIGHTY《マイティ》 MO《モウ》といいます。愛称が付いているくらいアメリカ国民に愛されていた軍艦です。日本の戦艦大和と同じだと言っていいでしょうね。第二次世界大戦から実に湾岸戦争まで現役でした。だから、まさしく大和と同様の古いタイプの大砲と、最新型に近いミサイルが同居している珍しい船です。

この戦艦は第二次世界大戦当時、沖縄戦にも出撃しました。ミズーリは強い船でしたから、沖縄を守ろうとした特攻機でこの船に突入しようとした機はほとんど撃ち落とされました。

そのなかで例外的に、まだ一九歳の二等飛行兵曹、石野節雄さんという方の操縦された特攻機が突入に成功したのです（異説では、石野さんの僚機、石井兼吉二飛曹の特攻機です）。ところが、零戦の抱えていた爆弾が破裂してくれなかったから、ミズーリにわずかな凹みをつくっただけです。その凹み、当時のまま残っています。

爆弾が爆発しなかったために、石野さんは上半身がちぎれて、顔もよく分かる状態で甲板に転がりました。それを――当然自分たちを殺しに来たのですから――ミズーリの水兵も士官も足で蹴って、とくに顔を痛めつけました。

痛めつけている最中に、今日みなさんにも見ていただく艦のブリッジ（艦橋、正確には露天艦橋・フライングブリッジと思われる）からそれを見た艦長のウィリアム・キャラハン海軍大佐が「やめなさい。その若者はわれわれと同じく祖国のために戦っているヒーローだ。しかもこの弾幕のなかをよくぞ突入した素晴らしい男じゃないか」と言った。

すると、水兵から士官に至るまで、驚くことに反省をしたそうです。そして艦内で白い布と赤い布を探して、旭日旗を作り、石野さんのちぎれた上半身を包んで、翌日に正式な合州国海軍の海軍葬を行いました。沖縄戦の真っ最中にですよ。一九四五年の春先、四月一二日に、戦火のなかで石野さんを海に送り返したのです。

ミズーリの甲板上にはその展示説明もあります。

米海軍の兵士が三人―三人で向かい合って並んで立ち、その横に士官がいて、敵兵の石野さんを海へ送ったときに彼らが立っていた位置に足形が記してあります。

それから海軍葬では兵士がこうやって弔砲を撃つんですが、兵士が並んで弔砲を撃ったところの足形も残してあります。

ぼくは数知れずここに来ているのに、わりと最近に、足形まで再現しているんだと気が付きました。足形が記してあるだけで、なんの説明もしていないのです。

とにかく、そのようなことで敵方を海に送り返したという話はほかで聞いたことがありません。それがミズーリです。

その後、フォード島のなかをシャトルバスに乗って、太平洋航空博物館に行きます。

そこには復元された日本海軍の戦闘機も展示されています。と言うより、空母飛龍の甲板が丁寧に復元されていて、まさしく真珠湾攻撃の第二波に出撃する零戦とパイロットらの姿が、いわば実物大で、ほとんど褒《ほ》め称えるように再現されています。

この博物館の敷地はとても広くて、いまも現役の場所です。アメリカ海軍特殊部隊（NAVY《ネイビー》 SEALS《シールズ》）の訓練所などもあります。もちろん何も書いてありません。ただの汚い工場のように見える場所が、実はNAVY《ネイビー》 SEALS《シールズ》が今、訓練している場所なのです。

その近くに戦闘機などの実物が露天で沢山、並んでいます。

今日は全部見ることができるか、時間がどこまであるかわかりませんけど、そこにハンガー――ハンガーというのは格納庫です。大きな工場のような建物で、そこで航空機の修理などをやっているんです――そこのハンガーに大枚の金を払って中国共産党がNATIONAL《ナショナル》 MEMORIES《メモリーズ》、「国家記憶」と称して、客観的に申してどこから見ても出鱈目と言うほかない展示会を催しています。前にも申しましたね

今日はそれをちょうど見ることができると思います。それを見て中国の反日工作を実感していただきます。そして、それが今日の見学の最後になります。

今日あえて省くところは、戦艦アリゾナ記念館です。

日本海軍によって沈められた戦艦ですね。ブリッジ（艦橋）を含めた艦の中軸が大きく傾いて黒煙に包まれている有名な写真のおかげで、アメリカと世界で真珠湾攻撃による被害の象徴として扱われています。

ふつう観光客は、湾の中に白く浮かんでるようにみえる記念館までボートで行って、下にアリゾナが黒く沈んでいるのを見おろします。水の中はほとんど見えませんが、そこから上がってくる油を見ることになっています。

真珠湾に来るといちばん沢山の人が行くところですが、ぼくらはあえて飛ばします。

ひとつには、ボートに乗らないといけないため、これだけ人数がいると小分けされてすごく時間がかかってしまいます。それだけでフォード島に行けなくなりますから。関心ある方

はまた次の機会に見てください。

ただしここにアリゾナが沈んでいました。日本軍が沈めました。そこから油が上がっているというだけです。それでどうしたということではありません。だから今日は省略します。もっと踏み込んで言えば、このアリゾナ記念館が、真珠湾攻撃をめぐる誤解の大きな原因のひとつになっているのです。

七〇年経った今でも沈船《ちんせん》から油が浮かんでくるのを見て、アメリカ人が日本の卑怯な攻撃に対し怒りを新たにするんだという説が広く流布されています。

ネットの時代になって、日本の若い人がツイッターやＳＮＳ、ブログで「いくら何でも油が七〇年も残ってるかよ」、「真珠湾を卑怯にしておきたいアメリカのちゃちな陰謀だろう」という書き込みが沢山あります。

実際の展示は違っていて、そもそもぼくが最初に真珠湾のアメリカ政府による展示が公平だと気づいたのが、このアリゾナ記念館の中の説明なのです。しかし真珠湾と言えばこのアリゾナの油になってしまっています。

誤解の元だからむしろ見ておきたいという方もいらっしゃるでしょう。申し訳ないですが、ぼくと一緒に回る今回は時間の制約で省きますから、ご自分でご覧になってください。

ぼくの現在のウルトラ過密日程では、下見と併せてこの日数をぎりぎり確保するのが精一杯でした。

それから潜水艦ボーフィンも省略します。大きな潜水艦ですが就役が真珠湾攻撃から一年半後ですから、今日の主旨とは直接関係ありません。これも興味のある人は違う機会に見てください。

ただし、同じ米海軍の潜水艦を見るのなら、ニューヨークにも潜水艦の展示はあって、そちらは核ミサイルを発射する装置を備えた潜水艦です。誰でも見られます。そんな重要なことを簡単に公開してしまって、ちょっと驚くのですが、真珠湾で実はガラクタの潜水艦を見るより、核ミサイルをこうやって積んでいました、現在にも通じていますというのを見たほうが、一般の方にもいいと思います。

では、中へ入って行きましょう。

真珠湾展示館(Exhibit Pavilion)にて

青山繁晴（正門ゲートからセキュリティチェックを受けて入ったところに立って）

これから向かって左側の建物に行きます。そこが、今回のメインテーマのひとつの展示館です。二棟あって、それぞれコンパクトに充実しています。

こちら左手前は、展示館を見たあとに行く予定の売店です。ここは戦艦大和の精密な、いわば本物の設計図をふつうに売っていました。日本ではまず手に入らないので、慌てて買いました。今も売り切れないでいるかどうか分かりませんが、それをはじめとして非常に印象的なものがたくさん売られています。

全体には、明らかに日本と日本海軍への率直なリスペクト（尊敬）を込めて売られているものが多いです。陸軍博物館の売店で売っていた、富士山と零戦のTシャツもそうでしたが、アメリカ人らしい、あけっぴろげの讃辞という感じですね。

先ほど申した大和の設計図にしても、それを使えば実際に建造できるのですよ。それを買いたい人がいるから売るのだし、買った人がアメリカ人ならアメリカ人は、戦艦大和を建造する夢をうっとりみるのかナァなんて思ってしまいます。

大和各部の全設計図が集められて大部《たいぶ》の本になっているのですが、そのうちほんとに建造してしまったりして……（笑）。ただし、アメリカ本土での常識に従って日本を非難する本やDVDもあります。ここ真珠湾の現地からの視点とどう違うか、それで考えてみるのもいいと思います。

売店の入口に立っているのが現役の海兵隊の士官どもです（笑）。

この売店入口でアメリカ人の作家が結構サイン会をやっていて――今日もやっていますが――日本についていい加減なことを書いたおじさんが居たこともあって、ぼくはここで何度も言い合いをしたことがあります。今日は時間がタイトなので言い合いはしません。

後ろの芝生の向こうを見ていただくと、向かって左手の大きな船は現役のアメリカ海軍の船です。その奥に見えているのが戦艦ミズーリです。今は記念館として、もはや航海することなく係留されています。

大和や武蔵に似ていると思う人は多いようですが、確かに似ています。全長は大和が二六三メートル、ミズーリは二七〇メートルですから大和より長い。しかし幅は大和が六メートル大きいし、トン数も大和が六万四〇〇〇トン、ミズーリは四万八五〇〇トン、乗員が大和三三三二名、ミズーリ一八五一名でそれぞれずいぶん、差があります。大和と武蔵はほぼ同じですから、やはり日本海軍の象徴の方が大きいことは大きかった。

あとでミズーリに向かっていくときに渡る橋が、右手の軍管理下の長い橋です。渡る途中、軍のチェックが入りますけど、ここからシャトルバスに乗って行けば、チェックは免れるということですね。

さ、展示館にはイヤホンガイドもありますが、今日はぼくが全部説明しますから、それは借りません。じゃあ行きましょう。

ここは展示館の入口ですが、この展示館はアメリカの公園局、政府の建物ですから展示されている説明は全てアメリカ政府の公式見解です。

実はかつて「アンカー」のロケで撮ったときとパネルの展示が違っています。

ぼくは昨日下見したときにそれに気付き、ついに中国にやられたかと思って青くなったのですが、中身が何とさらに日本寄りになっていました。

どうして変更されたのかは、まだ分かりませんが、ひょっとしたら中国がずっと反日の展示に一変するように工作していますから、それへのアメリカの反発かも知れません。

いまからみなさんと見る展示館は、わりと最近の一時期に大改装をやりました。ちょうどその頃にワシントンDCに行って、ペンタゴン、国防総省の人と夕食をとっていたときに、酒が入った彼が言ったのは、ここの展示の中身を変えろということでCHINESE《チャイニーズ》 MONEY《マネー》（中国からの賄賂）が沢山、彼の上司や同僚、後輩に渡るよう画策はされている、成功したかどうかは知らないけど……ということでした。

改装が終わってから展示館にはなかなか来られなくて——向かいのPACOM《ペイコム》（アメリカ太平洋軍司令部）には行っていたのですが、展示館に寄る時間がありませんでした。

久しぶりに来てみたら、中身は中国寄りではなく、さらに日本寄りに変わっていたわけです。吃驚《びっくり》しつつホッとしました。しかし「この先も安泰」というわけでは全くありません。中国共産党が深い関心を寄せて工作も行っていることは間違いがありません。もしも日本人が正当な関心を持たず、ワイキキの浜辺で群れてはいても、ここ真珠湾にはわずかな人しか来ないままだったら、いつかは展示がすっかり変えられ、歴史が嘘で覆われてしまうことも十二分にあり得るでしょう。

なかでも展示館の入口のここに、昔はなかった最初の説明板があります（P85写真参照）。

A Gathering Storm
Conflict is brewing in Asia. The old world order is changing. Two new powers, the United States and Japan, are rising to take leading roles on the world stage. Both seek to further their own national interests. Both hope to avoid war. Both have embarked on courses of action that will collide at Pearl Harbor.
This exhibition contains material that may be too intense for children and some visitors, and includes ethnic references some may find offensive.
86

真珠湾展示館の第１棟の入口前に立つパネル。すべての展示を貫く考えが簡潔に明示されている。「日米は対等に新秩序を模索し、戦争を避けようとした」

簡単な英語です。高校生レヴェルの英語なので、みなさんも読めると思いますが、一応、読みますと、説明のタイトルはA《ア》 GATHERING《ギャザリング》 STORM《ストーム》、陸軍博物館にもA《ア》 GATHERING《ギャザリング》 STORM《ストーム》と書いてありましたが、迫り来る危機という意味なのです。そして、わずか六行ですが、ここにはすごく大事なことが大きな字で書いてあります。

Conflict is brewing in Asia. The old world order is changing. Two new powers, the United States and Japan, are rising to take leading roles on the world stage. Both seek to further their own national interests. Both hope to avoid war. Both have embarked on courses of action that will collide at Pearl Harbor.

訳してみますと「アジアで紛争が吹き荒

れていた。古い世界の秩序は変わりつつあった」。英語の原文は現在形で書いてありますが、強調する効果を出すためですね。

邦訳を続けると、「ふたつの新しい力、すなわちアメリカ合州国と日本がそうした世界で勃興し、指導的な役割を果たそうとしていた。双方は、その国益をさらに追求したが、双方とも戦争は避けることを望んだ。しかし双方とも、ここ真珠湾で衝突が起きる道に乗ってしまった」

これで全文です。短いですね。しかし、アメリカ政府が公式見解のひとつとしてここに盛り込んでいる内容に驚きませんか?

誰だって、驚きますよね。ぼくらが日本の学校で教わったこととも、マスメディアが敗戦後の七〇年、ずっとずっと報道していることとも、真っ逆さまに違うじゃないですか。

まず、アジアにおける第二次世界大戦の端緒は、古い秩序を新しい力が変えていくことだったと評価しているのです。つまり「日本が侵略して……」という日本ではいちばん普遍的な歴史観は一切ないのです。

そしてアメリカと日本は対等な Two《ツー》 new《ニュー》 powers《パワーズ》、新しい力として評価されています。

さらに繰り返し Both《ボウス》、両方ともという言葉が出てきて、要するに日本とアメリカを敵というより対等な競争相手とみなしているのです。最初の Both《ボウス》 は Both seek to further their own national《ナショナル》 interests《インタレスツ》. という一節に出てきます。national interests は国益という意味です。

だから日米双方は、それぞれの国益をさらに追求したと書いてあるのですが、ニュアンスとしては、日米双方は当然ながら、それぞれの国益を正当に追求したという意味が歴然としています。

話はそれますが、国益という言葉を記者時代に記事で使ったら、「青山君、これは右翼の使う言葉だから書いちゃいけない」とデスクに言われたことがあります。無茶苦茶な話ですけど、最近は国益という言葉を使っても右翼と言われなくなったから日本も少しマシになったかもしれません。

話を戻すと、肝心なことだから繰り返しますが、「日本とアメリカが双方対等にそれぞれの当然の国益をさらに追求したのだ」と記されています。

「日本が悪者で、日本が侵略してアメリカが迎え撃った」なんてことは一言も書いてないことを、みなさん、ご自分の眼で確認されましたね。

その後にはさらに吃驚することに、Both hope to avoid war.「双方が戦争を避けようと願った」と書いてある。「日本もアメリカと一緒に戦争を避けようと努力した」と書いてあるわけです。こんなこと、日本の教科書のどこに書いてあるのですか？

もう一回言いますが、これはアメリカ政府の公式見解です。なぜなら、この展示館はすべて国営だからです。

そしてその後に、Both have embarked on courses of action that will collide at Pearl Harbor.

「そして成り行きとしてこのパールハーバーで衝突にいたるのである」と書いてあり、つまり真珠湾攻撃も日本が一方的にやったとか卑怯な攻撃だったとかではなく、「新興勢力としての日米双方が国益を追求しつつ戦争を避けようとしたけれど、双方とも譲らなかったので真珠湾の衝突になったんだ」と記されているのです。

Collide《コライド》という言葉も双方がぶつかったという意味であって、日本海軍の飛行機が実際、真珠湾の北側の山を越えてやってきて攻撃したのですが、それをINVASION《インヴェイジョン》、侵略とは表現していません。この数行はアメリカのまことに重大な見解表明であります。

かつてはこの展示がありませんでした。わざわざこれを冒頭に置いたのはこの展示館全体の現在の姿勢を物語るものです。なぜこれが日本でニュースにならないのか？　なぜこれが日本で教えられないのか？

昨日、みなさんのうしろにある公園で海上自衛隊のT中佐に、「これをなんで自衛隊の中で発信しないの」と言ったら、「すいません、アリゾナ記念館以外は来たことがありません」との返答でした。だから、その場で彼はトラ刈りにされて、それは嘘ですけども、彼はみずから深く反省をしますということになりました。

そして前述のアメリカ自身の世論工作「ウォー・ギルト・インフォメーション・プログラム」とも真っ向から相反していることにも注目してください。

それでは中に入っていきます。みなさん入ってください。どんどん入ってください。いいですか？　後ろの通路は空けてくださいね、人の邪魔にならないようにお願いします。まず、EXTENSION IN ASIA《エクステンション イン エイジア》と書いてあって、一八五三年、何の年か分かりますね？　ペリー艦隊が日本に来た年です。ここでは日本が目覚めた年として扱っていて、日本がアジアに力を広げていくことを、EXTENSION《エクステンション》、拡大という言葉で表現しています。軍国主義とか一切書いてありません。あくまでEXTENSION《エクステンション》、拡大としか書いていません。詳しく説明されているのが、例えばMEIJI RESTORATION《メイジ リストレイション》、明治維新が起きて、日本が力をつけたということ、日本が台湾を獲得したこともHOLDINGS《ホールディングス》、保有と記してあり、INVASION《インヴェイション》、侵略とかではありません。

一方アメリカのほうはフィリピン、ハワイ、サモアなど太平洋に力を出していったと書かれています。つまり先ほど冒頭で見ていただいた「日米は共に新興勢力として国益を追求した」ということを具体的に説明していて、日本が中国や台湾に変なことをしたとは書いていないのですね。

行の最後を見ていただくと、In 1910, Japan formally annex Korea とあります。「日本は公式に韓国を併合した」と書いてあって、韓国を植民地にしたとか、あるいは侵略したとはこの説明には一切ないのです。

だから、正当な戦いとしてアメリカが力を太平洋に広げていったのと同じように、日本も

北方四島だけではなく千島全島と南樺太も日本領であることを地図に明示している。戦後それらの放棄を定めたサンフランシスコ講和条約にはソ連・ロシアは参加していない。

同じような力でアジアで台湾や韓国を植民地にするんじゃなくて併合、つまりHOLDINGS《ホールディングス》、保有とかannex《アネックス》、併合という言葉で表現していますね。ちなみに、ナチス・ドイツは常に嫌悪感を持って説明されています。

これは当時の地図（P90写真参照）ということで、朝鮮、台湾……見てくださいここ、北方領土のところ。千島列島四島だけでなく千島全島に色丹島、歯舞群島、そして南樺太も日本のものであるということがここに、きちんと評価されています。ここにアメリカの勢力圏も出ていますが、真に公平に地図に記されています。

さらに中に入っていきましょう。みなさんこっちに来てください。人が通れるスペ

空母赤城を復元した巨大なスケール・モデル。これは艦尾。「あかぎ」と艦名が入った下にスクリュー。甲板には真珠湾に出撃直前の航空機群。艦首で青山繁晴が解説中。

攻撃隊を歓呼の声で見送る整備兵らの姿も、一体一体のフィギュアで丁寧に再現している。

それを反対側から見るとこうなる。旭日旗が誇り高くひるがえり、航空機も敬意を込めて復元されている。

空のヒーローのパイロットがひとりづつ凜々しく再現され、それだけではなく航空機の車輪のところに屈み込む、縁の下の力持ちの整備兵まで力強く甦っている。

航空機は一機一機、ちいさな違いまで克明に復元され、多様な能力が表現されている。

コックピットに半身を入れ操縦士と最終確認をしている整備兵、その下、翼の後ろに控える整備兵、そして舷側で対空機関砲を準備している士官や兵まで活き活きと動いている。

ースは開けてくださいね。

これ（P91〜93写真参照）が、今日のいわばメイン・イベントというかMAIN EXHIBITION《メイン　エクスビション》（主たる展示）の一つです。空母赤城です。

あとでもう一回説明しますが、この後ろに展示されているのが戦艦アリゾナ（P69上下写真とP70上写真参照）です。アリゾナは単なる模型で、要するにそれぐらいの作りにすぎませんが、この赤城はまったく違います。

艦尾に「あかぎ」と平仮名で正確に書いてあります。

その艦尾の下のほうから見ていただくと、飛行甲板を支える構造まですべて徹底的に再現されています。

ぐるりと周って見ていただきたいのですが、甲板上にフィギュアがたくさんありますね。

零戦をはじめとする航空機のパイロットだけでなく、縁の下の水兵たち、整備、通信、連絡、それぞれの役割を果たす全ての兵を徹底的に尊敬を込めて一体一体再現して、後ろに展示されている帝国海軍の撮った写真のまま——零戦がこれから出撃するので脚のタイヤのところに甲板員がひざまずいている姿も含めて、そのまま丁寧に、完璧に再現しているんです。

これは実は赤城から第一波の攻撃が飛び立っていく瞬間です。

アメリカは、自分たちに立ち向かってくる敵の日本海軍を、真正面から堂々と挑んでくる者たちとしてリスペクトを込めて描いています。

ここに、赤城の詳しい説明があります。

赤城は、火山の名から命名したということまで丁寧に説明してあるのですが、このスケールモデル展示は、真珠湾攻撃の一九四一年一二月のハワイ時間で一二月七日、日本だと一二月八日、その朝に三六機の第一波の攻撃が出ていくところを再現したと明示されていて、「わずか一五分間の間にすべてが発進していった」と敬意と驚きを込めて書かれています。

赤城はTHE《ザ》 PRIDE《プライド》 OF《オブ》 JAPANESE《ジャパニーズ》 NAVY《ネイビー》と書いてあります。アメリカ人にとってPRIDE《プライド》って言葉は生易しい言葉ではありません、それをはっきりTHE《ザ》 PRIDE《プライド》 OF《オブ》 JAPANESE《ジャパニーズ》 NAVY《ネイビー》、つまり日本海軍の誇りであると書いています。

正直、目を疑うような表現です。

「この船の設計は多くの面で極めて独創的に、航空攻撃にとって有効であるように造られていて、それは戦争に対する完全に新しいAPPROACH《アプローチ》、取り組みであった」とあります。

一体誰がこのスケールモデルを作って、説明しているのでしょうか?

本来なら日本がやらなきゃいけないことを、やられたアメリカがPRIDE《プライド》という言葉と共に評価しているのです。

さらにこれ以降、飛行甲板、航空機、船体全体、エアクラフト・エレベーター——飛行機を船内から甲板に上げてくるエレベーターです——、排気筒まで革新的であること、それから通信手段の完備……そういうことを完璧に説明しています。

この空母赤城は、飛行甲板は湾曲しています。真ん中あたりが一番高くなっていて、船尾はかなり下がっています。船首のほうも少し下がっている。

これが実に計算されているということが書いてあります。

つまり飛行機が飛び立っていくとき、真ん中が膨らんでいますから、下り坂を勢いつけて飛び出していく。そして着艦するときは着き易いように艦尾が少し下げてあるということまで懇切丁寧に説明してあります。

大きな排気筒が下向きに突き出ていますが、さっき申したように、これも独創的だという説明があります。ここから膨大な煙が出るのですが、それが下向きに出るので一切、飛行甲板、飛行に影響しないようになっているということですね、

ほんとうに克明に説明されています。

これは是非一回りじっくり見ながら、フィギュアがどういう顔をしているかまで見ていただきたいと思います。どうぞみなさん近づいて見てください。ぼくは何度見ても、こころの奥では泣いちゃいます。

艦首には菊の御紋が深い敬意を込めてつけられています。

空母赤城はアメリカ兵を殺すために出撃したのですよ。それをこのように敬意をこめて表現するっていうのは普通の国では考えられないです。だからぼくがいつも言っている、日米は本来、対等に、あくまで対等に手を組むべきであるということも、こういう具体的なもの

を見ればご理解いただけると思います。

さっき陸軍博物館で見ていただいたように、ここでも零戦や九九式艦上爆撃機など、きれいにつくり分けて、すべて克明に本物通りに再現しています。

いい加減な構造とか一切見られません。

日本ではもう国民もマスメディアも政治家も区別できないような機体の違いまで、しっかりと再現されています。よほど強固な尊敬がないと、こんなことはできません。

これは単なるモデルではなくてスケールモデル、要するにこのまま大きくしたら使えるというぐらいの質です。

明言はできませんが、これだけで三〇〇〇万円から四〇〇〇万円くらいのお金がかかっているのではないかと思います。

ＩＤＣ会員

ちょっといいですか？　こういうものを作るときは本当の設計図が必要で、それをアメリカがどこかから入手して作ったということですよね？　だからアメリカは一生懸命勉強して、自分たちもこういう空母を作ろうとしたということですか？

青山繁晴
そういうことです。設計図を入手してこのスケールモデル空母赤城を作ったのは、もちろん戦後ですが、戦中にも、こういう先進的な空母を目指して、参考にしつつ新しい空母群を建造して太平洋の戦いの後半戦になってマリアナ沖海戦やレイテ沖海戦では、二〇隻前後の大空母群を中核にした大艦隊で作戦を遂行するようになりました。

みなさんこっちに、この人の邪魔にならないスペースに移動してください。

ここにあるのは空母赤城であって戦艦大和ではないのです。

アメリカ海軍の現在の将校たちに何度も聞かれたのは、日本では赤城とか蒼龍、加賀のような空母ではなく、どうして大和や武蔵という戦艦が男のロマンなのか、ということなのです。

戦争初期に航空戦力の大切さをわれわれアメリカに教えた当の日本が、なぜ戦争末期の沖縄戦に鉄の塊の大和を出してきたのか、飛行機を載せられない大和を、それも航空支援のないまま海の戦場に送り出してきたのかということを、ぼくは長年問われて、そういう問いへの答えを見つけるためにも、ぼくなりにこういう現場を歩いてきたわけです。

アメリカのこういうところで戦艦大和を展示していることはありません。赤城こそが当時の敵国、そして日本に戦勝したアメリカにとって、大日本帝国海軍の象徴なのです。

それをもっと詳しく知るために一旦こちらに戻ってください。どうぞ来てください。

赤城のすぐ横に展示してあるのが、赤城から飛び立った戦闘機や爆撃機によって沈没させられた戦艦アリゾナです。

この展示館の正面の海に沈没して、その上に記念館が建っているアリゾナですね。

まず見ていただくと、フィギュアいますか？

ブリッジ（艦橋）近くにこの艦長らしき人が一人、それから甲板に水兵一人と、合計たったの二人しかいません。艦長も水兵も何をしているのか分かりません、ただ呑気に突っ立っているだけです。赤城では乗員の全員を再現する勢いで、しかも一人ひとりのフィギュアがみんな仕事をしている、任務を遂行している生々しい姿を再現しています。おなじアメリカが作ったものとは思えないほどです。まったく情熱がこもっていないのです。

水兵さんに至っては、そっぽを向いている感じですね。人がほとんど居ない現代のタンカーではないのだから、本当はたくさんの乗員で埋まっていたはずが、すべて省略されています。

これも一体、誰が作ったのかと感じませんか？

模型の下の説明には、アリゾナは一生懸命戦いましたと書いてあります。

しかし模型の背後の大きな説明板を見ていただくと、こう書いてあります（P68下写真参照）。

「当時は国家の力を見せつけるためにも巨大戦艦が一番万能なものだと考えられていた。アメリカ海軍のプラット提督も『戦艦の時代は終わりだ、と言っている奴は何も知らない奴だ。

その証拠にアメリカも日本もほかの国も協力して戦艦の軍縮を交渉しているのだ』と言っていた。しかし、こういう戦艦は大砲などたくさん装備し鎧のように厚い鋼板で守っていたけれども、魚雷や機雷、航空戦力に対してほんとうは弱かった」と書いてあります。だから戦艦アリゾナが赤城や加賀のような空母による航空戦力にはまったく対抗できなかったと極めて公平に記しているわけです。

そのうえで、こっちに来てくれますか？

日本海軍の空母の甲板に集まったパイロットたちが写真と記事で尊敬を込めて描かれています（P64下写真参照）。

そしてさらに、ちょっとここに来てくれますか？　これは魚雷（九一式魚雷）です（P101写真参照）。

真珠湾の海は浅いので、魚雷を飛行機から落とすと海底に刺さってしまいます。それで真珠湾は安全な軍港だとアメリカは信じ切っていました。ついでに申しておくと、パールハーバー、Pearl Harbor《パール ハーバー》とは正しくは真珠湾というより真珠港です。

話を戻すと、魚雷攻撃――雷撃と言いますが、すなわち戦闘機や爆撃機から魚雷を落として船の横っ腹を攻撃することは真珠湾ではできないと言われていたのです。

それを変えたのが一つはこれ、「安定舵」というのですが、このちっこい舵（Stable《ステイブル》 rudder《ラダー》）です。プラスこの安定翼です。この展示では一見ではよく分からないのですが、こ

魚雷のしっぽの安定翼が本体と同じ銀色に塗られているから、そうは見えないが、実は木製の安定翼。

世界でスーパー先進型だった日本の魚雷の全身。説明パネルには、どんな動きによって海底に刺さることなくアメリカの軍艦を沈めたかが、ありのままに解説されている。

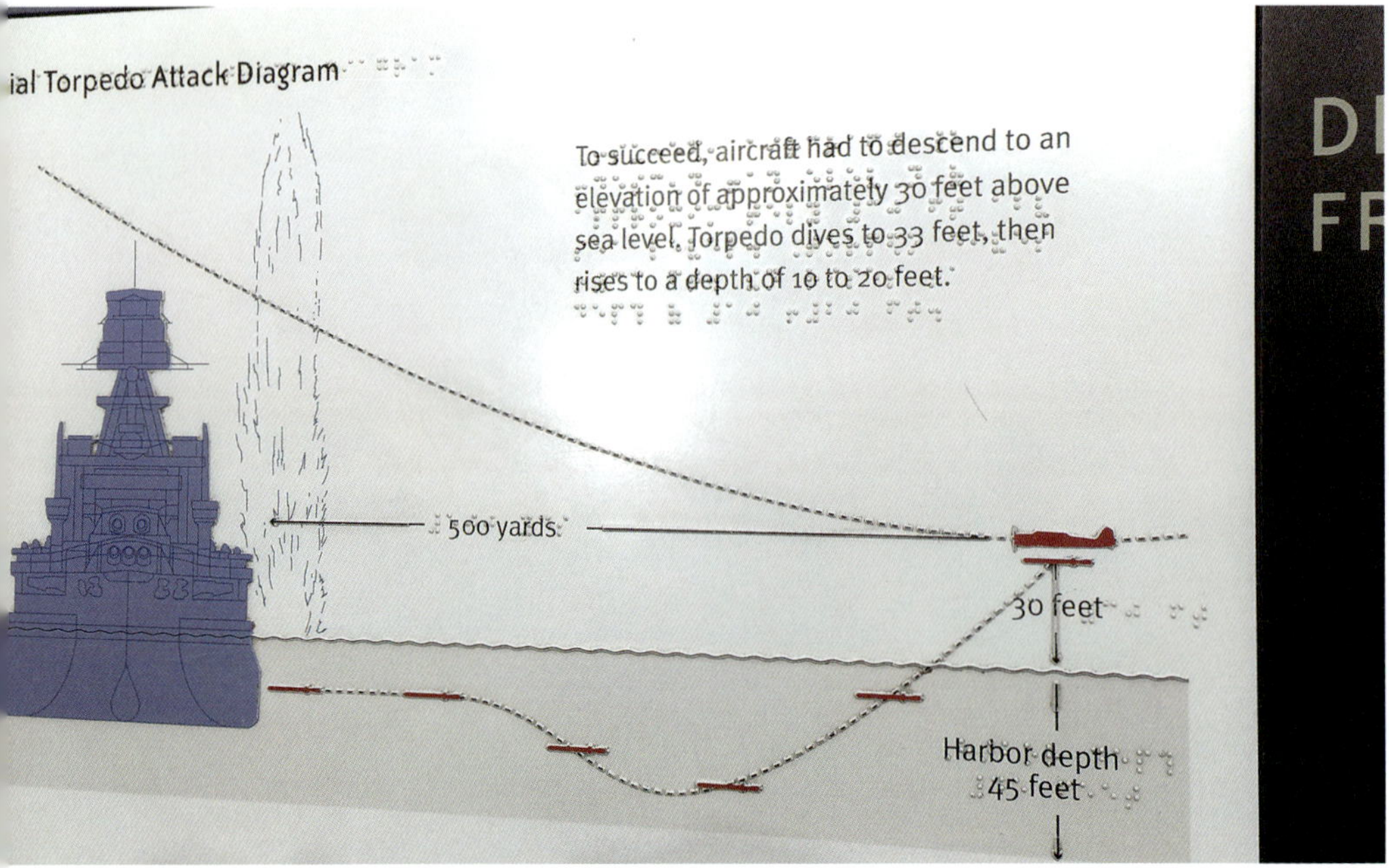
ial Torpedo Attack Diagram
To succeed, aircraft had to descend to an elevation of approximately 30 feet above sea level. Torpedo dives to 33 feet, then rises to a depth of 10 to 20 feet.
500 yards
30 feet
Harbor depth 45 feet

真珠湾（正しくは真珠港）の深さがわずか45フィート（約13メートル半）しかないので魚雷を落としても海底に刺さってしまうが日本はそれを克服したと、解説している。

れは実は木です、なんと木製なんです。

実はぼくは最近、その現物を偶然見ました。今週（西暦二〇一五年三月第三週）の月曜日に三菱重工の長崎造船所へ、新造中の巨大LNG（液化天然ガス）タンカーの視察に行ったんです。

その三菱重工の長崎造船所は、戦前は戦艦武蔵を建造したところです。

世界最大の戦艦だった大和、つまり大和型の一番艦・大和は呉の工廠《こうしょう》（政府の工場）で作られましたが、二番艦の武蔵は民間の三菱重工の長崎造船所で作られました。官民連携です。三菱重工の長崎造船所はどなたでも無料で入れます。そこにこの魚雷の実物が展示してありました（P103写真参照）。

魚雷に木のちいさな舵と安定翼が付いているために着水し、海に潜っていくときに

こちらは何と実物が保存、展示されている。手前の大きな茶色いものが木製の安定翼である（三菱重工長崎造船所にて青山繁晴が撮影）

潜りすぎず浮くのです。

何とシンプルにして凄い発想でしょうか。

そして木の枠だから着水してスクリューが回り出すと吹っ飛ぶわけです。木の枠は外れてしまって残らないのですが、十分な役割を果たしていますね。

こうやって、木によって浮力を得た魚雷は海底に刺さることなく、真っ直ぐに敵艦に向かって進んでいきます。

その説明が丁寧に書いてあって、その舵と安定翼を考案したのはこの人、アベゼンジさんという海軍中尉だと深い尊敬を込めてここに描かれています（開発者は成瀬正二技術大尉という説もあります）。

こちらの展示には真珠湾は浅かったのだけれど、日本がどういうふうに——スパイも使って——深さを測ったのかということが書かれています。

その一番奥にいらっしゃるのが、先ほど陸軍博物館でも写真の掲げられていた海軍大将山本五十六連合艦隊司令長官です。

（三菱重工長崎造船所の魚雷の写真を取り出す）

見えますか、これが九一式魚雷の実物です。

これの安定翼は木であることがわかりますよね？

実物はこの展示模型よりずっと大きいです。三菱重工資料館の人も本当の意味は必ずしもよく分かってなかったようだったのですが、これは大変に貴重な資料です。本物を見ることができるのは世界であそこだけだと思います。

日本人の発想は凄いです。

当時の最先端の鉄でできたものに、こういう大工さんが作ったみたいな木の安定翼を付けて——もちろん、真珠湾の攻撃総隊長であられた淵田美津雄さんらパイロットが厳しい訓練で雷撃技術を磨いたこともありますが、こうして真珠湾が浅い海である悪条件を日本海軍が克服していたからこそ、真珠湾にいた空母は——ルーズヴェルト大統領は真珠湾攻撃があることを実はもう分かっていたから——攻撃当日、即ちハワイ時間一二月七日の午前二時に湾外に逃げたとみられます。

攻撃が始まるわずか数時間前に空母は残念ながら湾外に逃げていきました。

一方、湾内、正確に言えば港内に残された戦艦群は、このちいさな木製の工夫と、それを使いこなす技術を習得したパイロットのおかげで多くが沈没したわけです。

みなさん集まっていただけますか？　ここに一九三〇年代の日本、つまり世界大戦に突入していく日本について書いてある（P71上写真参照）のですが、普通だと日本は軍国主義に犯されていてどうのこうのと展示してあると思いますよね？

でもここはそんなことは一切なく、書いてあることを見ていただくと、「日本はアジアの西洋による植民地支配を終わらせて、そこからアジアの自立を確立しようとし、同時に新しいマーケットを拡げ、そして資源を開発しようとした」と書いてあります。

驚きませんか。

ぼくは、もうずいぶんと前にこれを最初に読んだとき、腰が抜ける気がしました。

日本の教科書にまったく書いてない真実の祖国の歴史を、日本海軍に将兵を殺された真珠湾のアメリカが、堂々と長年、この歴史観をここ、この誰でも来られる現場に掲げ続けているのです。

そしてこの地図（P68上写真参照）はインドネシアやインドシナ半島、フィリピンなどにどういう資源があり、そしてそこがすべて西洋諸国によって資源ごと握られていたかを、ごくごく客観的に表示してあり、先ほどの歴史観、説明を補強しているわけです。

さらに、ここに昭和天皇がいらっしゃいます（P71下写真参照）。

軍服姿で騎乗されている写真です。

その陛下の写真の横に米内光政首相（当時）の言葉、「日本の存立のためにアジアをお互いに繁栄できる地域にするのが一番必要なことだとわたしは確信している」という言葉がきちんと明示されています。

「日本は資源確保のためにアジアに進出し、その進出先はアジアの独立国ではなくて西洋諸国が支配していたところであって、だからそこで戦争になったのだ」と書かれています。

もう、「わぁー」ですよね（ＩＤＣ会員一同、深く頷く）。

もう一度申しますが、帝国主義、軍国主義ということは一切書かれていません。

この展示館の中で帝国主義という言葉が使われているのは、西洋諸国に対してであって、「西洋諸国が帝国主義でアジアを支配したことを日本が打ち破ろうとしたのだ。そのために衝突になった」と展示されています。

だから、普通この時代の状況を説明した展示があって、当時の写真が併載されていたら、日本の軍国主義時代で国内の庶民も苦しんでいるとかそういう写真になるはずが、そんなことは全然なく、ベーブ・ルースと一緒に少年が野球をしている写真だったり、国民の笑顔の写真が紹介されたりしているという場所がここです。

世界の人々がやってくることを前提にしている展示館ですから、平易な英語になっています。英語の得意でない人も、ゆっくり読んでいただければお分かりになると思います。分からない単語があれば、今はスマホでもタブレットでも調べられますね？

それでも英語が分からないところがあれば、ぼくか、研究員のヘイワース美奈か青山大樹に聞いてみてください。

ここでは日本の視点が、ありのままに客観視して紹介されています。みなさん、ここまでの展示は日本の視点の紹介ではないのですよ！

敵国だった、そして真珠湾で日本軍に将兵を殺された側のアメリカの視点なのです。

さて、日本の視点の紹介では、さきほどの冒頭のパネルと同じで、アメリカと日本はそれぞれ国益を追求しようとし、平和のためにも努力したということがここ（P65上写真参照）に書いてあります。

NANJING《ナンジン》と書いてありますが、中国の南京のことです。英語で北京のことをPEKING《ペキン》という言葉とBEIJING《ベイジン》という言葉の両方があるように、NANKING《ナンキン》とNANJING《ナンジン》は同じです。

ここ（P65下写真参照）には南京で日本軍が中国兵を国際法に沿って逮捕した写真だけが展示されています。

たとえば中国国内では中国軍が馬族の兵の首を切り落としている写真を、日本軍が中国の人を殺したと説明をすり替えて展示しています。

（後日談。わたしはこのあと、西暦二〇一五年八月一五日の敗戦の日の未明、ネットテレビ「ニコニコ生放送」で映画「ＹＡＳＵＫＵＮＩ　靖国」を日本政府からも七五〇万円の助成金を得て制作した中国人の映画監督、それに東大教授と議論した。

この映画に、前述の捏造写真が終盤の大切な場面に使われていること、そして同じく大切な冒頭の場面では、そもそも靖國神社のご神体を間違って、その間違った話を強調していることを指摘した。

すると中国人の映画監督は目を吊り上げて怒鳴るばかり。どうやら海外の賞を取ったプライドなども影響しているようだ。その外国の賞の審査員は、いずれも事実をご存じないのだろう。

そして東大教授は、ぼくに「黙っていらっしゃらないで、客観的な立場から発言してください」と促されても「その話は横に置いといて」と言い、ご自分の本を取り出して画面に映るようになさった。この映画制作にも、東大にも、日本国民のお金が費やされている）

しかし、この展示館はそういうことは一切ありません。

陸軍博物館と同じで、日本はむしろ平穏裡に南京を占領し、残っていた中国兵を逮捕したという写真があるだけです。

ちなみにぼくは、中国共産党と日本の自称リベラル派らが言う「南京大虐殺」どころか、南京では事件すらなかったという立場です。

まず南京の出来事について、中国共産党は関係ありません。八路軍――いまでいう人民解放軍——は南京にはいませんでした。蔣介石の国民党軍がいただけです。

イギリス政府の記録によると、国民党軍は日本軍が近づくとみんな逃げてしまい、イギリス軍が呆れたとあります。

イギリスによると、日本軍が来ると蔣介石の中国国民党軍が逃げてしまうのは先の大戦の常態であったそうです。そのためイギリス兵が日本軍を相手にしなきゃならなかったとイギリス軍の記録に記されています。

同様に、南京においても国民党軍は逃げちゃいました。

逃げるときに国民党軍のために働いていた民衆のスパイ……話は飛びますが、国民党軍は略奪や中国人民を奴隷にするなど、自国の民衆に酷《ひど》いことをずいぶんやっていた事実があります。

だからこそ毛沢東が八路軍は略奪しないということを軍内の権力闘争も通じて徹底させていき、国民党軍の支持基盤を弱め、八路軍に支持を集めていったのです。日本では蔣介石はそういうイメージじゃなく扱われていますが、ほんとうは軍の規律も、蔣介石の指導力やモラルも無残なものでした。

話を戻すと、国民党軍は南京から脱出するとき、国民党のこうした秘密、あるいは実態を知っている民衆を惨殺したのです。

それを、あろうことか全部、日本軍のせいにしている。

南京大虐殺のでっち上げというのは毛沢東ではなく、蔣介石の謀略から始まっているのです。したがって日本軍が入城したときには、国民党軍は逃げたあとでほとんど残っていませんでした。あったのは中国民衆の死体だけです。

それだから毛沢東・中華人民共和国主席（当時）は生前、いわゆる南京大虐殺についてただ一度も言及したことがなかったのです。

南京事件も何もありません。南京の占領はありましたが、無血開城に近いものであって、だから余計に話をごまかしたわけです。

中国国民党は首都である南京を捨てて逃げたのですから。

それを覆い隠すためにも、どんどん嘘が作られ、拡大されてきたのです。

しかし一方で世界の現実は、嘘をつくことこそ常識です。

上手い嘘ならついたほうがいいという価値観が、むしろ世界で当たり前です。世界をささやかなりに歩き続けてきたぼくの実感では、いくら上手い嘘で得をするのであっても、嘘をつくこと自体がいけないという固い信念を持っているのは、ここアメリカと、それから日本の二か国だけです。

だから、昭和天皇の「アメリカとは戦うな」という秘められていたご信念は、正しかったと思うのです。

もちろんアメリカにも日本にも、嘘つきは大量にいるし、国家としてのアメリカも、陸軍博物館で申したように「原爆投下は、アメリカ兵一〇〇万の命を守ったから正しかった」という真っ赤な、悪質な嘘もついている。繰り返し述べたＷＧＩＰというアンフェアな工作も行っている。

しかし社会の根幹に、嘘はいけないという哲学というか理想があるのは、ぼくの体感した限りでは、そして主要国のなかでは日米だけです。

申し訳ないけれども、嘘つきは中国共産党の癖ではなくて、中国の長い伝統です。日本のラーメンの宣伝では「中国四〇〇〇年の歴史」と何気なく言っているでしょう？中国に行って人民解放軍や中国共産党や、そのブレーンの社会科学院の研究者・学者らと議論すると、初対面の人は判で押したように「中国六〇〇〇年の歴史です。青山さんの日本より遥かに長い」と言います。

いきなり日本の永い歴史分に近い年数が上乗せされているのですが、四〇〇〇年だろうが六〇〇〇年であろうが嘘です。

わたしたち日本人が、その証人です。中学高校で、鎌倉時代の元寇《げんこう》を習いましたよね。元寇の寇の字は侵略という意味です。では元は？

そうです、横綱白鵬の母国モンゴルです。そのとき中国という国は実質的に異国モンゴルに滅ぼされていて、元朝となり、モンゴル人の指揮下で漢人も、それから朝鮮人も兵士として使われて日本を侵略しようと攻めてきたわけですから、中国はそのときいったん滅んでいます。

鎌倉時代まで遡らなくても、明治時代に日本は日清戦争を戦いましたね。そのときの清国軍はみな、辮髪《べんぱつ》（髪の前を剃り、後ろは三つ編みにして垂らす）です。日本艦隊が打ち破った清国艦隊の司令官も辮髪です。漢人の男性が辮髪にしますか？　しないですね。

これは漢人ではなく異民族の女真族の習俗です。

そのとき女真族に攻め滅ぼされていたから清国になっていたのです。

歴史上、何度も滅亡しているのに、連綿と四〇〇〇年、六〇〇〇年と国が続いてきたというのは嘘と言うほかありません。父系一系の天皇陛下のもと、ずっと同じ国家を続けてきた日本とはわけが違います。

日本は二〇〇〇年を遙かに超える実際の国家としての歴史のなかで、今から七〇年前（西暦二〇一五年の時点）の夏に、初めて、たった一度だけ負けました。

それから七年のあいだ、アメリカに占領されましたが、その期間も天皇陛下のご存在は健在だった。無条件降伏ではなくそれを条件に降伏したということのかけがえのない意義は、そこにもあるのです。

右とか左の話ではありません。

なぜこの話をしたかというと、第一には、歴史を嘘でねじ曲げるということが中国共産党だけに起きるのではなく、人間が知性を持ったからこそ病んでしまう病気のひとつ、虚栄、虚勢や、あるいは命の本体でもある保身から常識的に起きることだからこそ、ぼくらはいつも真っ直ぐにみる努力を一緒にしませんかということなのです。

日本の歴史も常に謙虚に検証しなければなりません。

しかし同時に、「永遠に中韓に謝罪せねばならない」という思い込みに深刻に邪魔をされて「南京大虐殺」だの「従軍慰安婦」だの、いずれもあまりに低次元の真っ赤な大嘘を刷り込まれ、先人の名誉を傷つけるだけではなく、未来を背負うこどもたちに、おのれの永遠の根っこ、基盤である祖国を愛することをできなくするという罪深いことは、もうわたしたちの世代で終わらせなければならないということです。

そもそも例えば日本は、韓国と戦争をしたことがない。

大韓民国の前身の大韓帝国と戦争をして植民地にしたのではなく、大韓帝国の皇帝陛下のご希望があり、日本では伊藤博文公のような要人の反対があったのに正当な国際条約を結んで日韓併合が実現したのです。

この真珠湾展示館も、いちばん肝心なことは、アメリカが意外にも日本を褒めてくれているなぁという話ではありません。

原爆投下で大嘘をついているアメリカであっても、戦争責任は日本にだけあると刷り込ませる世論工作（ＷＧＩＰ）を遂行したアメリカであっても、日本軍と実際に向かい合った現場のこの真珠湾では、真っ直ぐに日本に向かい合う姿勢が貫かれていて、それがわたしたち日本人が思い込み、刷り込みを脱するための世界に類例がないほどの凄い助けになるということです。

たいせつなのは、わたしたちの自助努力です。

まずここに来て欲しいし、来られたら「アメリカにはいいところもある」で終わらせるのではゆめ、なくて、わたしたち自身と次の世代、次の次の世代の新しい生き方に繋げていただきたいのです。

そうすれば初めて、あの無残な世界大戦もほんとうに終わり、ここ真珠湾で命を落とした日本兵もアメリカ兵も報われると、ぼくは考えます。

そして、みなさんにこの現場に来ていただいた目的のひとつは、いずれこの展示館のようなもの、と言うよりいわば姉妹博物館としての日本版展示館を、日本語をメインに英語、中国語、朝鮮語、フランス語、ドイツ語、スペイン語、あるいはアラビア語などを加えて造れないのだろうか、という主権者同士としての提案です。

主権者の意志として国費で造るのです。日本にはいまだ、国営の戦争記念館がありません。

それから、このコーナーの展示に関連して最後に短く付け加えておきたいのは、ハル国務長官についてです（P70下写真参照）。

学校で第二次世界大戦の歴史をかろうじて、ここあたりまでは教わった人も居らっしゃるのではないですか？

当時アメリカ国務長官だったコーデル・ハルさんという人がハル・ノート――ノートだから正式文書でもなんでもないメモ、覚え書きですけど――ハル国務長官のメモが日本に渡って、そのなかに日本には到底受け入れられない条件がたくさんあったから戦争になりましたと教わりました。

これについてのぼくのささやかな持論は歴史学者とは違っています。

ハルさんは、ただの国務長官です。交渉の相手、カウンターパートは日本の駐米大使に過ぎません。

そんなふたりのやり取りで、日米戦争という大惨禍を日本、アメリカ双方に招くに決まっていることを決めるのですか？

こんなものは「ああ、そうですか」と言ってスルーすればよかったのです。

ルーズヴェルト大統領が天皇陛下に向かってハル・ノートに書かれたようなことを仰ったなら話はまるで別ですが、たかが国務長官がメモで言ったことなんて「ああ、そうですか。色々、難しいことも確かにありますねぇ」とヘラヘラしていれば、日米開戦までいく必要はなかったと長年、考えています。

生真面目というか、なんでも相手の言うことをまともに受け取るというか、ただの国務長官が現場の交渉術として高飛車に言っただけで、まるで大統領が天皇陛下に何か突きつけたように誤認した……ぼくはそれがハル・ノートに纏《まつ》わる真実だと考えています。

こういうことをシンポジウムなどで言うと、歴史学者からは「いや、そんなはずはない。ハル・ノートは決定的に重要だった」と、論外という反応です。実はそれも歴史学者の役割としては良く分かります。

もちろんぼくの考えは、決めつけではなく問題提起ですし、歴史は本来「たら、れば」すなわち「何々だったら、あれこれしていれば」という仮想はないものです。

ただ、政治記者として日本、アメリカをはじめ政治の首脳陣と直接、接し、記者を辞めたあとも接し続けてきた実感から来ているのです。合州国国務長官は、エライひとにみえても、ただの国務長官です。

この場であまりの長話も、ほかの観覧者のかたがたを考えれば、いけませんが、すこしだけ補足しておきますと……ハル・ノートは、真珠湾攻撃の前月、西暦で言えば一九四一年、昭和一六年の一一月二七日（米国東部時間二六日）、だからパールハーバーの二週間前ですね、アメリカから日本に示された外交文書です。ハル・ノートという名前は実際には、戦後の東京裁判あたりから使われ出したようです。アメリカでは、意外に一般用語ではなくて、単に「一九四一年一一月二六日付アメリカ側提案」と呼ばれることが多いです。

この辺も、ハル国務長官をアメリカ代表だと捉えすぎた日本外交の感覚のずれ、というか、外交に必要不可欠な一種の狡《ずる》さ、緩さ、柔軟さ、しなやかさが欠けていた、今も欠けている。

その証拠のひとつという感があります。

正式には、出してきた側の原文では　Outline of Proposed Basis for Agreement Between the United States and Japan「日米間の協定へ基礎作りとなる提案の概要」です。

これが最後通牒ですか？

しかも、中身の冒頭には Strictly Confidential, Tentative and Without Commitment　すなわち「仮のものであり法的拘束力は無い」と明記してあります。

だからこそ、ハル・ノートという通称にもなっているわけです。

こんなものに昂奮したり打ちのめされたり、戦争を起こさせないのが本来任務である外交官たちも「ああ、もう駄目だ。戦争だ」と思い込んで、破滅的敗戦に至る日米開戦になるなんて、正直、頭がクラクラする思いです。

さらにはこの半年ほど前の一九四一年四月、ハル国務長官は野村吉三郎駐米大使と会談したとき、四原則を明示しています。

それは「あらゆる国家の領土と主権を尊重する」、「他国の内政への不干渉を原則とする」、「貿易の機会均等を含めて平等を原則とする」、「平和的手段によるケースを別として太平洋の現状を維持する」、この四つです。

充分に相互譲歩の余地がある原則ですし、野村大使が特に四番目の原則についてハル長官に「満州国は含むのか」と聞くと、「すでに建国されている満州国は含まない。あくまで将来の問題についての原則だ」と答えた史実があります。日露戦争の勝利に基づき日本が影響力を行使して建国した満州国の、何と事実上の承認ではないですか。

ところが、あろうことか、野村大使はこの四原則を本国の日本政府に知らせなかったのです。野村さんはあとで「この原則の下では話が進まなくなるから押さえました」と弁解というか、むしろ正しい判断だったと自己弁護するような公電を本国に打っています。

こうやって話すと、多くの歴史学者とは別に「そうか、ハル・ノートをあえて無視する手もあったかな」と考えてくれる人でも、「しかし結局は開戦でしょ。開戦を止める手立てはありましたか」という次の疑問を持つでしょうね。

ぼくは、それがあったと考えているのです。

すなわち国務長官と駐米大使のレベルなどでは全くなくて、首脳会談です。ふつうに考えればアメリカの大統領と日本の首相ですね。事実、ルーズヴェルト大統領と近衛文麿首相との会談が実現へ向けて交渉になったのですが、アメリカ政府内部に近衛首相は優柔不断だから駄目だと反対論があって、実現しませんでした。実はぼくも、近衛さんでは首脳会談をやっても日本がどうしたいのか良く分からないまま合意に達せず、つまり決裂となって戦争をむしろ促進しただろうと考えています。

しかし逆にここに、日米の最後の救いが隠されていたのです。当時の日本は総理が駄目なら、明治憲法下の主権者としての天皇陛下がいらっしゃいます。その陛下の御心《みこころ》は、開戦反対です。

そしてアメリカ東部時間で一九四一年一二月六日の土曜午後（日本時間七日日曜夜）に、ルーズヴェルト大統領は昭和天皇への親書を電報で送りました。

遅すぎましたね。例によって外務省の動きが鈍かったこともあって、天皇陛下がご覧になったのは真珠湾攻撃のもう半時間ほど前でした。

こんな場所で長話をしたのは、この失敗の体質が敗戦後も何ら変わることなく続いているからです。西暦二〇〇二年の日朝首脳会談のとき、外務省の田中均アジア大洋州局長が「拉致被害者は帰国しない。一時的に帰国するだけ。それも数人だけ。あとの拉致被害者は、北朝鮮が死亡したとする人については日本もそう受け止める」という無残な合意を勝手に北朝鮮側と交わしていました。それが当時の小泉総理も縛り、解決を非常に難しくした。再登板後の安倍政権が、外務省の言うことを聞かない珍しい政権なのは、その現場に安倍さんも官房副長官として参加していたからです。

ぼくは外務官僚の悪口を言ったり、外務省のせいにしようとしているのでは全くなく、逆です。わたしたちはぼく自身も含めて、敗戦後の七〇年ものあいだ、いったい何をしていたのでしょうか。

肝心な「なぜ負けたのか。負ける戦争をしたのか」ということを考えてこなかったのは、侵略であったのかなかったのか、その不毛の議論ばかりしていたからです。第二次世界大戦の前は帝国主義の時代ですよ。西洋民主主義の国家がこぞってアジア諸国を植民地にしていた。なぜ日本だけを別基準、戦後の基準で裁くのですか。

こうして、敗戦に繋がった原因がほとんど温存されているから、拉致事件をさらなる悲劇にしているのです。

さ、次の展示に行きましょう。疲れていませんか？　大丈夫ですか？

ここ、展示館の第二棟の入口をすぐ入った場所には、実際の攻撃はこうでしたという展示があります。

日本の艦上攻撃機から、まさしくさっき言った木製の安定翼のついた魚雷を落として、アリゾナなどの船を撃沈しようとしているところ、それを再現しています（P66中写真とP67上写真参照）。

目の前の大きな絵がそれですが、天井を見あげていただくとその絵の艦上攻撃機を実寸で復元する感じで、艦攻が飛んでいますね（P66上写真参照）。

風防の中に三人並んでいるパイロットを見ていただけますか？（P66下写真参照）

パイロットの顔が再現されていますよね、どういう顔ですか？　凛々しい顔ですね。それだけじゃなくて、不敵な、余裕のある笑みを浮かべています。まごうことなき尊敬を込めて再現されているのです。

もし中国や韓国がこれを作ったら、悪魔のような顔にするはずです。明らかな深い敬意を込めて三人のパイロットをここに再現しています。

日本海軍は真珠湾において民間人は一切、攻撃していません。このあとの展示にその事実があるのでみなさんにお見せしますが、民間人は五十数名亡くなったことになっていますが、それはアメリカ軍の誤射によるものです。FRIENDLY《フレンドリー》 FIRE《ファイア》と言いますが、味方に向けて撃ってしまいました。それで民間人が亡くなったということもここの展示館第二棟にはきちんと明示してあります。日本軍はあくまでアメリカ軍しか攻撃していません。

さはさりながら、見ていただく通り、水兵や士官もアメリカの若者たちです。それを日本軍の投下した魚雷や爆弾が殺害したのです。

それなのに尊敬を込めて、わざわざお金をかけてこれを作り、アメリカ国民と全世界のひとびとに見せるというのは、真正面からフェアに戦った日本をいかに深く理解しているかということです。

一〇日ほど前に、アメリカ本土の西海岸のサンディエゴに行って、海兵隊の指揮官と直接にお話ししました。

その時に、中国による南京の嘘、韓国による慰安婦の嘘の話になりました。

そのアフリカ系アメリカ人の司令官が真直ぐにぼくの目を見て、「青山さん、わたしたち日米は直接戦ったのだ。ミスター青山もわたしも生まれてない時代だけれど、少なくともアメリカではきちんと歴史が伝えられていて、わたしたちが士官学校で教わった事実も、日本は実にフェアだったということです。真正面から太平洋艦隊にフェアな戦いを挑んだという歴史を教わっています。中国の八路軍（現在の人民解放軍）は日本軍と戦っていませんし、韓国はもともと日本と戦争していません。中華人民共和国や大韓民国という日本とは戦っていない国が何を言おうと、われわれは日本を知っている」と明言したわけです。

このサンディエゴの北、同じ西海岸のロサンゼルスには、ぼくの古巣の共同通信を含めて大勢の日本のマスメディアの特派員がいるのに、こういう話をなぜ取材できないのでしょうか？

その司令官は、Fernandez Frank Ponds, Expeditionary Strike Group 3――合州国海軍・海兵隊統合遠征打撃群（ESG）第三軍フェルナンデス・フランク・ポンズ海軍少将です。巨大な強襲揚陸艦「アメリカ」、海上自衛隊で言えば「日本」という特別な名が付いているることになる艦内でお会いして、「いつでも誰にでも同じ話をする用意があるよ」と言っていました。

背筋の伸びた、そして話しやすい彼だけでなく、ぼくが会う現代アメリカの軍人はみんなこうだから、このアメリカ政府公園局の運営している国営施設である展示館の展示も、日本への尊敬とともに並べられていると言えます。

ちなみについ先日、靖國神社の遊就館に行きまして、松本さんという素晴らしい勉強家の神官の展示課長に、「遊就館の展示を見直すために、どうか、真珠湾展示館に行ってください」とお願いしました。

なぜこういう展示が遊就館にないんですか？　なぜここでいままでみなさんと見てきた説明が遊就館にないのか。なぜアメリカにだけあるんですか？

こんな不思議な話はありませんね。話がきつくなりすぎるから、関西言葉で申せば、こんなアホな話おまへんで、ということなんですよ。

ちょっとこっちに来てください。

展示写真（P72下写真参照）を見てもらうと、民間人で亡くなった人と写真説明に書いてあります。この写真だけ見ると日本軍は酷《ひど》いじゃないかという展示をしていると思うでしょ？　反対側を見てください。

「突然の日本軍の攻撃で大混乱になり、そのなかで間違いが起きました。日本の航空機でやられる代わりに、味方に向かって撃ってしまったので四九人の民間人が亡くなりました。それ以外にもたくさん負傷者が出ました」と書いてあります。

この説明があったうえでのこの写真なのです。しかし残念ながら、珍しく日本の観光客がここまでお出でになっても、この反対側の説明に気がつかないか、英語が分からないという先入観なのかほとんど読まずに、こちらの「民間人の犠牲者」の残酷な写真だけを息を呑むようにして見て、通り過ぎて行かれます。

ハリウッドが作った「パール・ハーバー」という大嘘の映画と違い、日本軍が民間人を殺したのではなく自分たちが殺したということが、あぁ、ほんとうに真っ正直にここに展示してあります。


時間が迫っていて、わたしたちは平和裏に売店に進撃しましょう。

この売店は宝の山です。

当たり前ですが、ぼくはこの売店の回し者ではありませぬ（笑）。

戦艦大和の設計図も売っていて、前に申したように、そのまま大和が建造できる設計図です。それが四五ドル、今（西暦二〇一五年現在）のレートだと五六〇〇円ぐらいです。

本としてはたいへん高いと思われるかも知れませんが、そんなもの日本では売っていません。貴重な本としては高くはありません。

一方で、アメリカ本土の政治首都ワシントンDCでよく言われる「リメンバー　パール・ハーバー」のような立場に偏った本もありますし、まったくの日本の立場で書かれた本も置いてある。しかし何と日本陸海軍の名パイロットを顔写真つきで大量に集めて、その戦記を讃えた、これも日本では決してお目にかかれない本もあります。

ぼくはいつ来ても、さまざまな立場の貴重な本を買い漁ります。重くてうんうん言いながら持ち帰って、もう東京の仕事部屋に山積みです。

じゃあ、次の重要地点へ、平和裏に進撃しましょう。

次は橋を渡って、戦艦ミズーリです。

真珠湾施設配置図

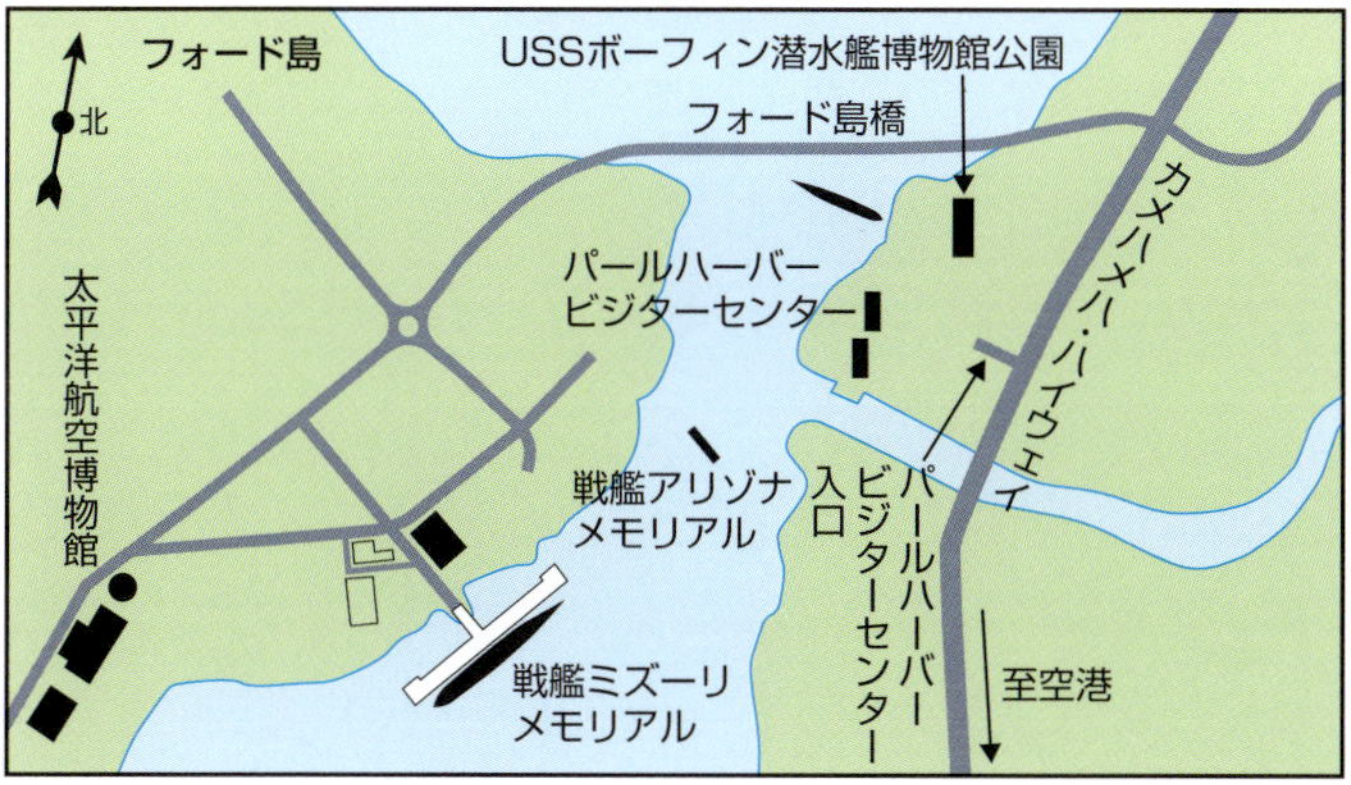

第三章　戦艦ミズーリ記念館
BATTLESHIP MISSOURI MEMORIAL

BATTLESHIP MISSOURI MEMORIAL
63 Cowpens Street, Honolulu, HI 96818
phone number is: 808-455-1600
http://www.missouri-kinenkan.org/

IDCの研修会のあと、「虎ノ門ニュース８時入り」（通称「虎８」）／（CS放送とネットTV）のロケ隊とミズーリを再訪した青山繁晴。

現代の有名な巡航ミサイル、トマホーク。古い時代の巨砲と共存しているのがミズーリ。

日本が1945年9月2日に降伏文書に調印した甲板上で、カメラに向かって、視聴者のために解説する。

"Happen what may in the future,
this day on the Missouri will stand out
as a bright point that marks a tireless
march toward an enduring peace."
TOSHIKAZU KASE (Second row, second from the right)
Japanese delegate, Aide to Foreign Minister Shigemitsu, who signed the
Instrument of Surrender in behalf of the Emperor and Government of Japan.

ミズーリ艦上に展示されている、日本代表団の姿。杖を突きつつ毅然と立つのが、重光外相。

IDC会員と共に、降伏文書の調印場所にある記念プレートを覗き込む青山繁晴（後ろ姿）。

このミズーリ舷側に、日本の石野節雄二飛曹が操縦する特攻機が突入に成功した現場。なんと戦中に英雄としてアメリカの海軍葬で海に帰したことが写真入りで明示されている（異説では僚機の石井さん）。

手前の足跡の塗装は、石野さんを送った海軍葬を執り行ったアメリカ海軍の士官や兵の立ち位置をそのまま再現している。

説明版は、上に海軍の飛行帽を被った19歳の石野さん、下にミズーリのキャラハン艦長。なお日本の異説では、石野さんではなく戦友の石井兼吉二飛曹の可能性も指摘している。

左上方に、突入直前の石野さんの零戦がいる。これは有名な写真だが、その真のエピソードは日本ではこれまで一般にはまったくと言っていいほど知られていない。

青山繁晴が「虎8」のロケ隊とミズーリを再訪すると、偶然にも、鹿児島・知覧の特攻平和会館から初めて資料を持ち出しての特攻展示会がミズーリ艦内で開かれていた。

特攻隊員の家族が贈った祈りの像が、永遠の友情と敬意のあかしのように展示されている。

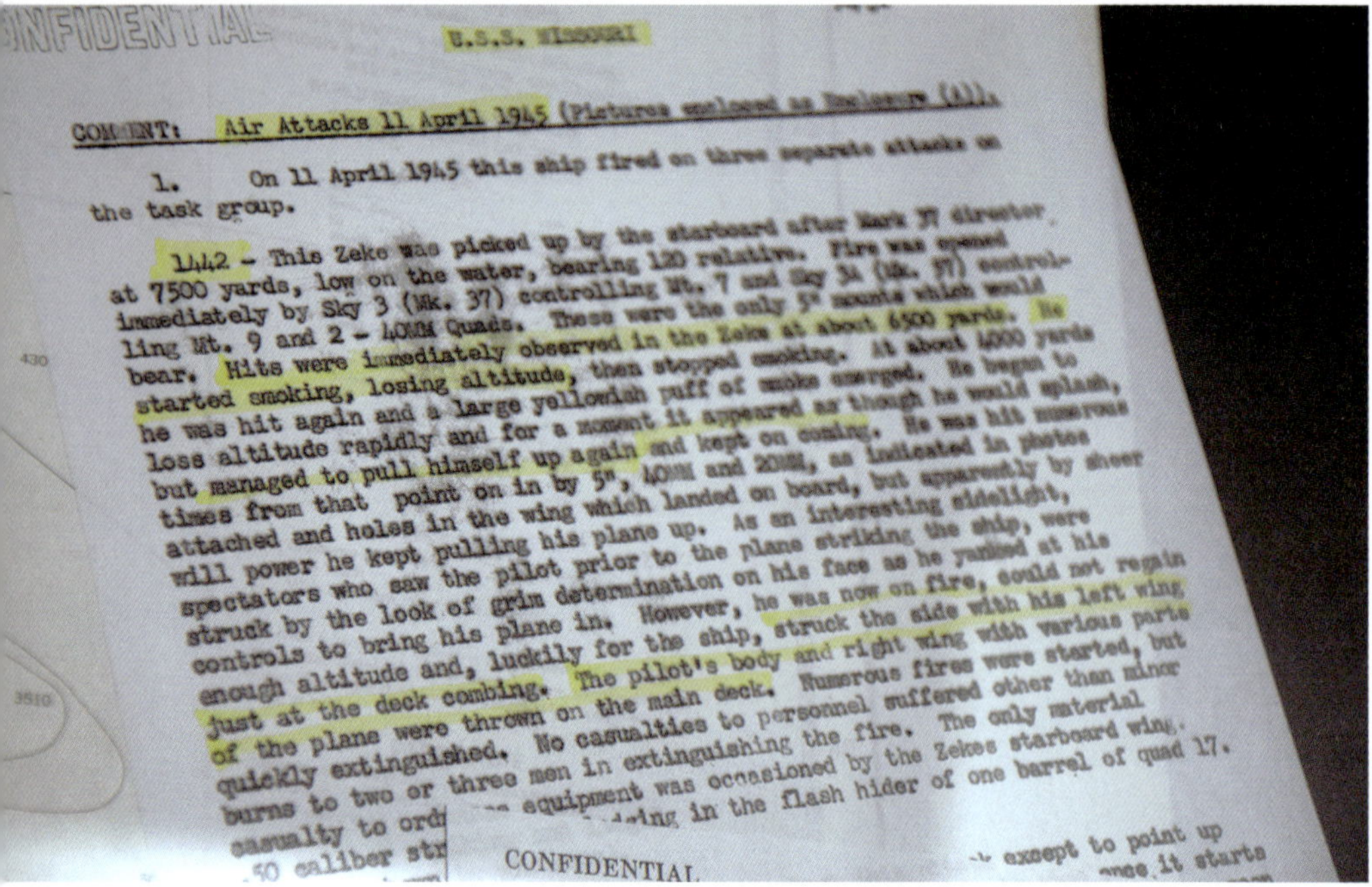

CONFIDENTIAL

U.S.S. MISSOURI

COMMENT: Air Attacks 11 April 1945 (Pictures enclosed as Enclosure (A)).

1. On 11 April 1945 this ship fired on three separate attacks on the task group.

1442 – This Zeke was picked up by the starboard after Mark 37 director at 7500 yards, low on the water, bearing 120 relative. Fire was opened immediately by Sky 3 (Mk. 37) controlling Mt. 7 and Sky 3A (Mk. 57) controlling Mt. 9 and 2 – 40MM Quads. These were the only 5" mounts which would bear. Hits were immediately observed in the Zeke at about 6500 yards. He started smoking, losing altitude, then stopped smoking. At about 4000 yards he was hit again and a large yellowish puff of smoke emerged. He began to loss altitude rapidly and for a moment it appeared as though he would splash, but managed to pull himself up again and kept on coming. He was hit numerous times from that point on in by 5", 40MM and 20MM, as indicated in photos attached and holes in the wing which landed on board, but apparently by sheer will power he kept pulling his plane up. As an interesting sidelight, spectators who saw the pilot prior to the plane striking the ship, were struck by the look of grim determination on his face as he yanked at his controls to bring his plane in. However, he was now on fire, could not regain enough altitude and, luckily for the ship, struck the side with his left wing just at the deck combing. The pilot's body and right wing with various parts of the plane were thrown on the main deck. Numerous fires were started, but quickly extinguished. No casualties to personnel suffered other than minor burns to two or three men in extinguishing the fire. The only material casualty to ord... equipment was occasioned by the Zekes starboard wing ... .50 caliber str... lodging in the flash hider of one barrel of quad 17.

CONFIDENTIAL

... except to point up ... once it starts

戦艦ミズーリから打たれた公電が、その特攻展示会に併せて公開されていた。突入から海軍葬に至る経緯が客観的に述べられている。

ミズーリ甲板上で、初対面とも思えない親しみのある会話を交わすアメリカ合州国海軍のポール・フィルストラ大尉と青山繁晴。アメリカの将兵は人懐《なつ》こい人が多い。

とっくに予定時間を過ぎているのに、最後まで大尉は付き合ってくれた。感謝を込め、再会を約して握手。

青山繁晴がロケ隊と再訪した真珠湾には、自ら航行できる巨大レーダーがアラスカからハワイまでやって来ていた。この大きなタコにはアメリカ海軍の中枢機能が詰まっている。

ハワイの曇天の下の戦艦ミズーリ全景。ミズーリを見るたび、大和や武蔵の運命を考えてしまう。

戦艦ミズーリ前にて

青山繁晴（ミズーリの接岸している巨大な横腹の前に立って）

今から目の前のUSS《ユーエスエス》 MISSOURI《ミズーリ》、MIGHTY MO《マイティモウ》へみなさんと一緒に上がります（P136写真参照）。

USS《ユーエスエス》はUNITED《ユナイテッド》 STATES《ステイツ》 SERVICE《サーヴィス》の略称です。ここで言うSERVICE《サーヴィス》は艦隊という意味です。合州国艦隊ですね。

そしてMIGHTY MO《マイティモウ》は戦艦ミズーリの愛称です。MOというのはアメリカのミズーリ州のこと、マイティとは万能にみえるほど強い、ということですね。

あそこに巨砲が四門ありますが、第二次世界大戦当時の非常に旧式な大砲です。一方で白い縦長のドーム、その下にある細い

ミズーリの現代の対空砲火、バルカン砲。ドーム式レーダーで空の脅威を摑んで烈しく連射する。その下にはやや旧式の砲が同居。

砲はバルカン砲（P137写真参照）といって現在のものです。日本の海上自衛隊の護衛艦にも付いています。

ちなみにドームの中は自動レーダーで、艦に向かって飛んでくるものを自動で感知して、自動で撃ち落とします。したがってこの細いバルカン砲はたとえば対空砲としては巨砲四門よりはるかに強い、正確に言えば効果的です。

ミズーリは第二次世界大戦から湾岸戦争まで使われた非常に珍しい船で、戦艦大和そっくりの巨大な主砲が左前に見えます。救命ボートの向こうが甲板になっていて、一九四五年九月二日に日本が降伏文書に調印した場所です。

そのうしろには一九歳の戦闘機乗りが零戦の特攻機を操縦して沖縄戦でこのミズー

リに突入を果たした跡が、そのまま残っている場所があります。

この艦内は見て回るのに一日かかる広さですが、今回は降伏文書の調印についての展示をちらりと見た後に、わたしたちの先輩の、先ほど申した石野節雄さん（異説では石井兼吉さん）が突入した場所に行きます。

みなさん、ほんとうのことを言いましょうね。日本人はほとんど行かないんです。降伏文書の調印場所にだけは行って、石野さんの散華《さんげ》なさった場所には行きません。甲板に上がると常駐しているガイドが寄ってきて日本語で説明をやります。無料ですけど、日本語で書かれたパンフレットだけもらってガイドは頼まないでください。

そもそも、考えかたが違います。

もちろん、先入観や偏見を持って言うのではありません。

以前、こんなことがありました。日本人のガイドさんが、頼んでいないのだけど、こちらをみて自然に、というかちゃんと職務として近づいてこられました。ぼくはもうミズーリには何度も来ていました。それでもむげに断らずに、対話をしながら艦内を回っていると、元商社マンの方です。

日本の商社のアメリカ駐在員として働くうちに、退社してアメリカにとどまりハワイに住んでいるのですね。

すると、降伏文書の調印場所を説明しているときと、石野さん突入の場所のときでは、態度がありありと変わるのです。

特攻機がミズーリに激突した場所では、ありありと侮蔑するような態度になって、「日本は軍国主義に騙されて、ほんとうにこんな馬鹿なことをして、こんなパイロット、何の役にも立ってない」としか言いません。

その場所で何があったか、降伏文書の調印式のあった甲板では、延々と、なんて言うのか恭《うやうや》しい感じまで含めて説明したのに、特攻機突入の舷側《げんそく》、ふなべりでは、それしか言わない。

日本を占領した最高司令官のダグラス・マッカーサー陸軍元帥が五本のペンを取り出して全部を使ってサインし、うち一本は奥さんのジェーンさんに贈ったことから、幕末に来襲したペリー艦隊の掲げていた星条旗も持ち込まれて飾ってあったとか、とにかく勝ち誇るアメリカ、杖をついた重光外相らが惨めにサインする打ちひしがれた日本、これでもかと言うばかりにガイドします（P129下写真参照）。

その後方の特攻機突入成功の場所には、実は人類史に残るような奇跡の話も別の意味でアメリカ側にもあり、きちんとそれが写真付きの説明版で展示されている（P131上写真、P132上写真とP140写真参照）のに、何も話しません。そこで「ちゃんと話してください」と言うと、「こんなの、日本が悪いことをした跡だけだから」という答えでした。

彼は今も日本国民なんですよ。別にアメリカに帰化したわけではなくて、仕事で駐在したアメリカにそのまま住みついているだけです。

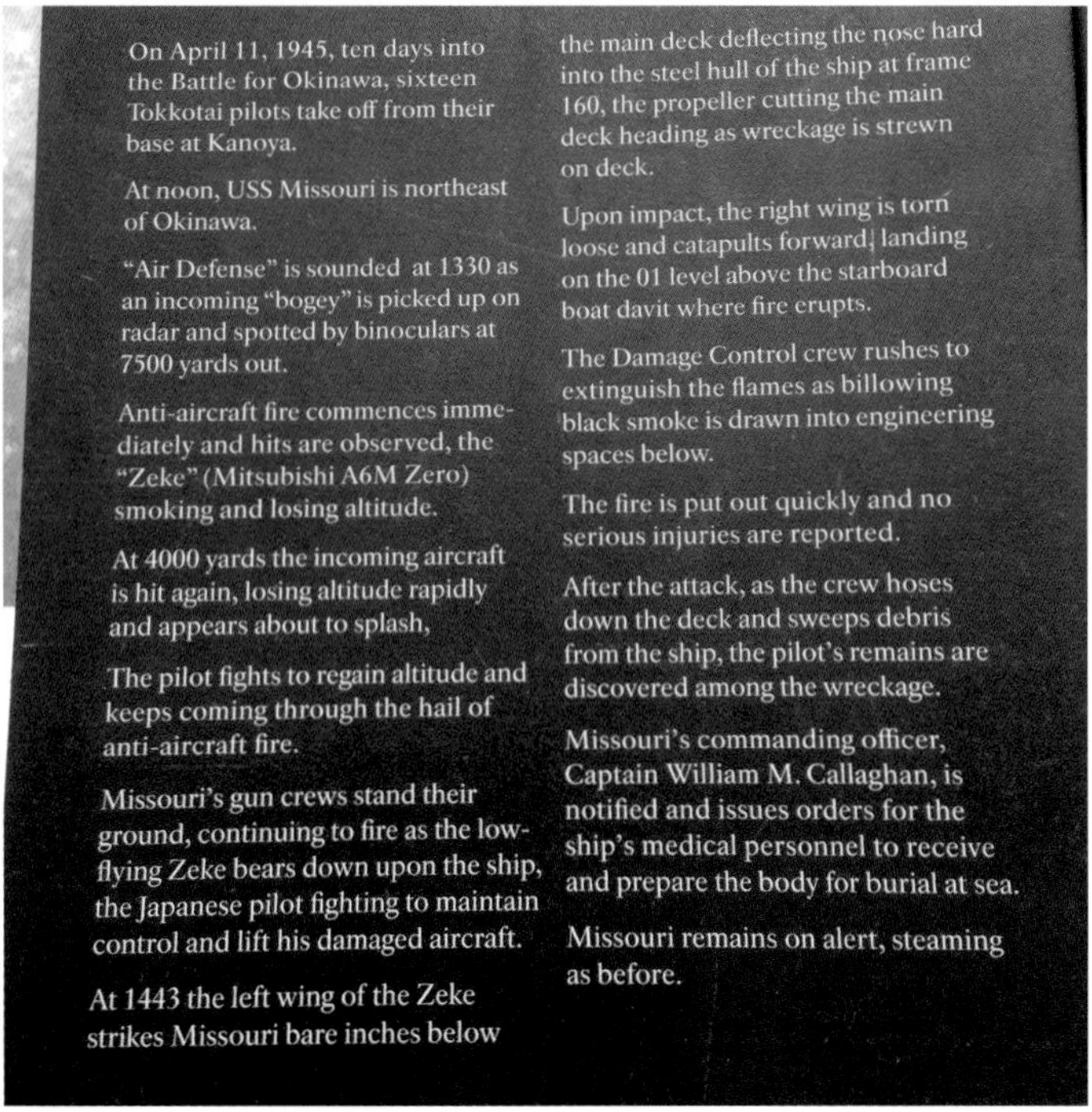
On April 11, 1945, ten days into the Battle for Okinawa, sixteen Tokkotai pilots take off from their base at Kanoya.
At noon, USS Missouri is northeast of Okinawa.
"Air Defense" is sounded at 1330 as an incoming "bogey" is picked up on radar and spotted by binoculars at 7500 yards out.
Anti-aircraft fire commences immediately and hits are observed, the "Zeke" (Mitsubishi A6M Zero) smoking and losing altitude.
At 4000 yards the incoming aircraft is hit again, losing altitude rapidly and appears about to splash,
The pilot fights to regain altitude and keeps coming through the hail of anti-aircraft fire.
Missouri's gun crews stand their ground, continuing to fire as the low-flying Zeke bears down upon the ship, the Japanese pilot fighting to maintain control and lift his damaged aircraft.
At 1443 the left wing of the Zeke strikes Missouri bare inches below the main deck deflecting the nose hard into the steel hull of the ship at frame 160, the propeller cutting the main deck heading as wreckage is strewn on deck.
Upon impact, the right wing is torn loose and catapults forward, landing on the 01 level above the starboard boat davit where fire erupts.
The Damage Control crew rushes to extinguish the flames as billowing black smoke is drawn into engineering spaces below.
The fire is put out quickly and no serious injuries are reported.
After the attack, as the crew hoses down the deck and sweeps debris from the ship, the pilot's remains are discovered among the wreckage.
Missouri's commanding officer, Captain William M. Callaghan, is notified and issues orders for the ship's medical personnel to receive and prepare the body for burial at sea.
Missouri remains on alert, steaming as before.

石野さんの特攻とミズーリの、人間の歴史に残る奇跡のエピソードを客観的に詳述している展示。

ぼくは彼を変な人とか、全く思わなかった。かつてのぼく自身を含めて、むしろ典型的な敗戦後の日本人ではないですか。世代を問わず、今もなおずっと、一日も休まず「アメリカのおかげで民主主義を教えていただいた。負けて良かった。勝っていたらずっと軍国主義で、ぼくらもひどい目に遭っていたんだ」という刷り込みを、教育とマスメディアから長年、それも毎日のように受けていますね。

ガイドさんは、のびのびと物が言えるアメリカ社会にいて、余計にその奥深い刷り込みが、あからさまに表に出てしまっているだけです。

ぼくがこのガイドさんにその後、どんな話をしたかというと、今日みなさんにお話ししている、このまさしく真珠湾のアメリカ政府による展示の中身なんです。

驚いたことに、この男性ガイドさんは、その真珠湾施設のど真ん中にいながら、日常的に展示を見ながら、こう仰ったのです、「えぇ、そんなこと全く気がつかなかった！」。

ぼくは淡々と、たとえば特攻隊員、石野節雄二等飛行兵曹の生きざまの話もすこししました。ガイドさんは、最後は涙ぐんで「私は何も知らなかったんですね」と仰いました。

彼はもういませんが、そういうガイドには頼まないで、ぼくがガイドです。

で、そこに行く前に昼ごはんです。

午後二時一〇分に集合です。遅れた人はミズーリに乗れないで、海に落ちます（笑）。嘘です。ミズーリはもはや動きません。永遠に錨を降ろしたままですが、ま、予定がタイトなので時間厳守でいきましょう。

戦艦ミズーリ艦上にて

（艦上に上がってから、ハプニングが起きた。

わたしは途中から、妙な気配は感じていた。甲板への入口にいつも集まっているガイド陣のうち、中国人の女性ガイドがまるで尾行するかのように、わたしとインディペンデント・クラブ［ＩＤＣ］の一行の脇に現れたり消えたりする。

わたしには、二六歳で新人記者となってから今日まで、仕事柄、一瞬でことを観て取るノウハウがある。この中国人ガイドの眼をみて異変を感じた。

やがて中国人の女性ガイドがわたしとＩＤＣ会員たちの間に半身だけ入れてきて、「あの、これ、いけません」と日本語で言った。その発音、片言ぶりは明らかに中国人のそれだった。

わたしは「何を言ってるんですか。妙な妨害をしないでください」と短く言った。ガイドは、驚くほど素早く身を引き、そこから消え、やがて大量のガイドを引き連れて戻ってきた。先頭に立っているのは、見てすぐ分かる日本人の男性ガイドである。なぜか昂揚している。中国人の女性ガイドがその顔を横目でちらちら見ている。ははぁ、何かけしかけられたか。

三〇歳代か、それとも四〇歳そこそこの日本人男性ガイドは早足を緩めず近づいて、わたしに被さるようにして、大きな声でこう言った)

日本人ガイド　すいません、こちらガイドしていいところではありませんよ。

青山繁晴　いや、ガイドは要らないです。

日本人ガイド　いや、決められたガイドじゃないと回れないんですね、色んなところ。

青山繁晴　ぼくは仕事のガイド、職業のガイドじゃない。このみなさん方と一緒に来て、一緒に考えているだけだから、あなたの言っていることは的外れです。

日本人ガイド　でも説明して回るわけですよね？

青山繁晴　仕事でやっているのではないから、説明するも何も関係ないじゃないですか。あなたが関与できることじゃない。一緒に来た人たちに、自分の知っていることを話して何が問題なんですか。

日本人ガイド　これくらいの人数になると事前に連絡いただかないと困るのですが。

（このあたりから日本人ガイドの態度が変わった。高飛車に出たが、手強い相手だと思ったらしく急に態度が下手《したて》に変わる）

青山繁晴　そんなことは、この広い戦艦ミズーリのどこにも一行たりとも書いてない。パンフレットなどの類にも書いてない。人数によって届け出をするという理由がない。職業的なガイドなら別だろうけど、先ほどから申しているとおり、ぼくは職業的ガイドじゃないから、あなたの言っていることは、ぼくたち一行にまったく関係ない。邪魔しないでください。

これから中を見るのだから、そこをどいてください。

（日本人ガイドは黙って、道を開ける）

青山繁晴　じゃあ行きましょう。

（ＩＤＣ会員にとって、わたしがまったく平静だったから、見学に影響はなかった。しかしわたしは胸のうちで、悲しい気持ちが残った。

この戦艦ミズーリという日本の運命と縁の深い場所で、日本人ガイドは何も日本とアメリカの戦争の真実を知らないか、中国人の女性ガイドに焚き付けられて居丈高に見学を邪魔するか、さらには相手が強いとなると急に腰砕けになる。それしか出来ないのか。

マイティ・モゥ、万能のミズーリとアメリカで呼ばれたほどの強い戦艦の弾幕を突破した石野さん、それに沖縄戦でこのミズーリの艦砲射撃で殺された同胞に、申し訳がないという気持ちが込み上げていた。

もちろんガイドたちが悪いのじゃない。わたしたちは一体、どんな教育で人を育ててきたのか。学校教育だけじゃない、人間の根本は青山自身も含めて家庭教育だ。

けれども、目の前のＩＤＣ会員たちに伝えるべきを伝えることに集中しようとわたしは考えた）

これで全員ですか？　無事にみんないますね。

みなさん、ここが、ぼくらの祖国が永い、ながい歴史でたった一度だけ外国に降伏した場所です（Ｐ130写真参照）。

きょう集われたみなさんは、この歴史はご存じだと思います。

念のため申せば、日本が一九四五年八月一五日に連合国——実質的にはアメリカ——に降伏をしてから半月後の一九四五年九月二日、沖縄戦の洋上から東京湾に移動して停泊中のミズーリ、その甲板上の実際いまぼくらが立っているここに日本の代表団が来て、降伏文書に調印しました。

政府の全権が、外務大臣の重光葵《まもる》さん、軍の大本営の全権は参謀総長の梅津美治郎《よしじろう》さん、それに随行する予定だった軍人たちのなかで特攻の推進で知られる大西瀧治郎中将は、降伏文書調印のまえに自決なさいました。

ぼくの立つ、この箇所が調印したところです（P130写真参照）。重光外相たちが実際に立っていた場所が記念として残されています。そこに降伏文書もありますけど、レプリカです。

つまり、ここはこれだけとも言えます。

ただのセレモニー、儀式だけではあります。

日本社会では戦争が終わった、日本が負けた日を八月一五日にしています。国際法上の正式な日は九月二日とも言えますが、ぼくは八月一五日でよいと思います。

ぼくらが教わった「無条件降伏」ではなくて、天皇陛下のご存在を護ることを条件に降伏したのですから、陛下の玉音放送をもって終結とすることがふさわしいです。

ちなみに、ぼくがモスクワでロシア人と議論すると「戦争が終わったのは九月二日だからソ連軍の北方領土攻撃は正当だ」と言い募る当局者が居たりするのですが、ソ連の侵略は八月一八日に始まり九月五日まで続いていき、今も日本の領土である千島列島の北端、占守島から歯舞諸島まで、それから南樺太、サハリンではありません、それはロシア語、正しくは樺太ですね、そこまで占領しましたから、まったく正当化の口実になりません。

この場所は、そういう公平な歴史を考える、勉強するきっかけとしての九月二日を知る意味が、むしろいちばん大切だと思います。

ちょっと余談です。

後方にアメリカ海軍の誇るイージス艦が三隻、停泊しています。現役のイージス艦です。イージスというのはギリシャ神話の「破れざる盾」ですね。空からの脅威を寄せ付けない。だから先ほど、真珠湾展示館からこのミズーリのいるここ、フォード島に向かう橋の上で、「バスの窓から写真を撮るな」という軍の指示があったのです。

ところが、ここミズーリ甲板上からなら写真を撮るのはいつも自由です。これがアメリカです。おおらかというのか抜けているというのか。

ちなみに横須賀とか佐世保には、アメリカのイージス艦も、わが海上自衛隊の優秀に使いこなしているイージス艦もいますが、公園などからいくらでも写真を撮れます。自由です。

その意味では今もなお、真珠湾は世界のアメリカ軍基地の中でも最も、敏感な、枢要な軍事施設であるとも言えますね。

日本ではハワイはただの観光地のイメージですが、実際は、全アメリカ軍にとっていちばん重大な司令部機能のある軍事の島です。

わずか七四年前（西暦二〇一五年時点）に、それだからこそここを命を賭けて攻撃した日本が、今はまるで忘れて観光しか考えないというのも、まさしく、ぼくらの受けた教育の結果ですね。

さぁ、この上部甲板から、下の甲板に降りていきましょう。広い甲板から、急に狭くなる通路を辿《たど》って急な階段を降りる感じが、いかにも軍艦らしいです。

……ここ（P148写真参照）です（戦艦ミズーリの後半部、艦尾に近づく途中の右舷サイドの舷側、すなわち横っ腹のところ）。

ここから、ほんの少しだけ身を海に乗り出して頂けませんか。

（ＩＤＣ会員三五人は一斉に、舷側の網の付いた鉄柵から、海を覗き込む）

どこの何が、特攻機が突入した跡か分かりますか。

（ＩＤＣ会員はそれぞれ熱心に、懸命に眼で舷側で手掛かりを探す。しかし「分かりました！」という声を上げる人は誰ひとりいない。ひょっとしてこれかな？と思った人は居ただろうが、確信が持てなかったようだ）

みなさん、この凹みです。

石野さんの特攻機が遺した、わずかな「戦果」。この凹みで、そのすべてである。もちろんミズーリの航行にはなんら影響しない。

日本海軍の石野節雄二飛曹がアメリカの海軍葬で海に滑り降りていった現場の夕暮れに、尽きせぬ感謝と祈りを捧げる。もしも石井兼吉二飛曹であっても同じである。

（ＩＤＣ会員からはそれでも「え？」、「どこ？」という声があがる）

よくご覧になってください。ほら、そこに、わずかな凹みがありますね。それです。それだけです。当時のままです。

一九四五年の沖縄戦でこの方角から零戦の特攻機が突入してきて、見事ミズーリに衝突しました。しかしながら、残した戦果はこれだけです。見てください。この凹みだけです。

朝に言ったとおりに、そこに零戦がぶつかって、抱いていた爆薬が爆発しないままに機体のかなりの部分は海に落ちて、石野節雄さんという、そこにお顔の写真が飾ってある（Ｐ132上写真参照）、まだ一九歳の戦闘機乗りの上半身がちぎれて、だいたいこのあたりに落ちました。

それをアメリカの水兵たちが足で蹴っているときに、あの（艦橋）上から、キャプテン・キャラハン、同じく顔写真が出ています。ダーティハリーと同じ名前のキャラハン艦長があそこから出てきて、みんなに呼びかけて、「お前らやめろ。その若者はわれわれと同じだ。祖国を護るために突入したのだ。ほかの零戦が全部、撃墜されているのに、彼だけここに突入することに成功したのだから、誉めるべきだ。彼はヒーローだ」とキャプテン・キャラハンが言いました。

それを聞いた水兵から士官まで、その場で後悔をして、そのあと艦内で赤と白の布をわざわざ探して徹夜で旭日旗を縫いあげました。

そして石野さんの上半身をその旭日旗で包んで、翌朝、そちらに写真がありますが、戦闘の真っ最中というのに正式なアメリカ海軍葬を行いました。乗員がずらり敬礼するなか、選ばれた乗員が向かいあわせに並んで、石野さんを海に送り出しました。

包んだ旭日旗がわずかに見えるでしょう。

正式なラッパも吹きました。本物の完璧な海軍葬です（P151～152写真参照）。

それらの足跡があそこに、それからここにペイントされています（P131下写真参照）。

みなさん、これをどう思いますか。

ぼくは何回ここへ来ても、もう声が出ないです……。

前に話した元商社マンの日本人ガイドが、最初は「日本は悪いことをしたから」と自分の国を見くだすようなことを言っていて、最後は「私は何も知りませんでした」と涙ぐんだのも、まさしくこの場所です。

（そこに、大勢のアメリカ人ガイドがどっと押し寄せてきた。

わたしが見ると、先ほどの日本人ガイドが後ろに見え隠れしている。さらにその陰に中国人の女性ガイドが抜け目のない顔をして寄り添っている。

わたしは思わず、ちいさく吹き出した。最初は中国人が騒ぎ、それに煽られる日本人が居て、最後はアメリカ頼み。まるで何かの縮図のような光景ではないか。

ミズーリ艦上に展示された、海軍葬の写真。石野さんの上半身を手製の旭日旗で包んだ亡骸が入場してくる。

正式な礼砲とともに、艦長、士官、下士官、兵に至るまでみな敵の若者のために敬礼する。

世界共通の海軍葬として、亡骸を海に滑らせる態勢を整える。

すべての命のふるさと、海に帰す。

しかしアメリカ人も充分に居丈高《いたけだか》だった。「ここで無届けのガイド業はできない」と先ほどの日本人ガイドと同じ話を押しつけ、退去を要求してくる。

もちろん、ただの一歩も半歩も譲らない。こちらは商売でやってるんじゃない。しかもＩＤＣ会員三五人を今、預かっているのだ。

わたしだけではなく、ヘイワース美奈・独研研究員も奮闘して懸命に説明し、さらにわたしはホノルル日本総領事館の知友の携帯電話に連絡した。

事情を話してから、詰めかけたアメリカ人ガイド陣のリーダーらしき人物に電話を渡し、その領事から、商業的なガイドツアーでも何でもないことを説明もしてもらった。

しかしアメリカ人ガイド大集団もなかなか納得しない。

すると、最後の最後に、胸にセキュリティという大きなバッジを付けた巨体の男が現れ、わたしに大きな太った顔を突き出し、米語で「何か問題でも？」と聞いた。

一種の罠である。ここでわずかでも助け船を求めれば、次の瞬間、「トラブル発生」という認定になり、会員もろとも別室へ連行される。

こちとら世界の修羅場を嫌と言うほどくぐっている。

わたしは即座に米語で返した。「何も無い。あなたの出番はない」。

すると巨人はぐっと何かを呑み込まされたような顔になった。

わたしは無視し、会員に「大丈夫です。ゆっくりご覧になってください」と伝えた。

ガイド大集団はようやく、じりじりと距離を空け、やがて去っていった）

その後も戦艦ミズーリをじっくり全員で見たあと、バスに乗り次の場所に向かった。

戦艦ミズーリ記念館案内図

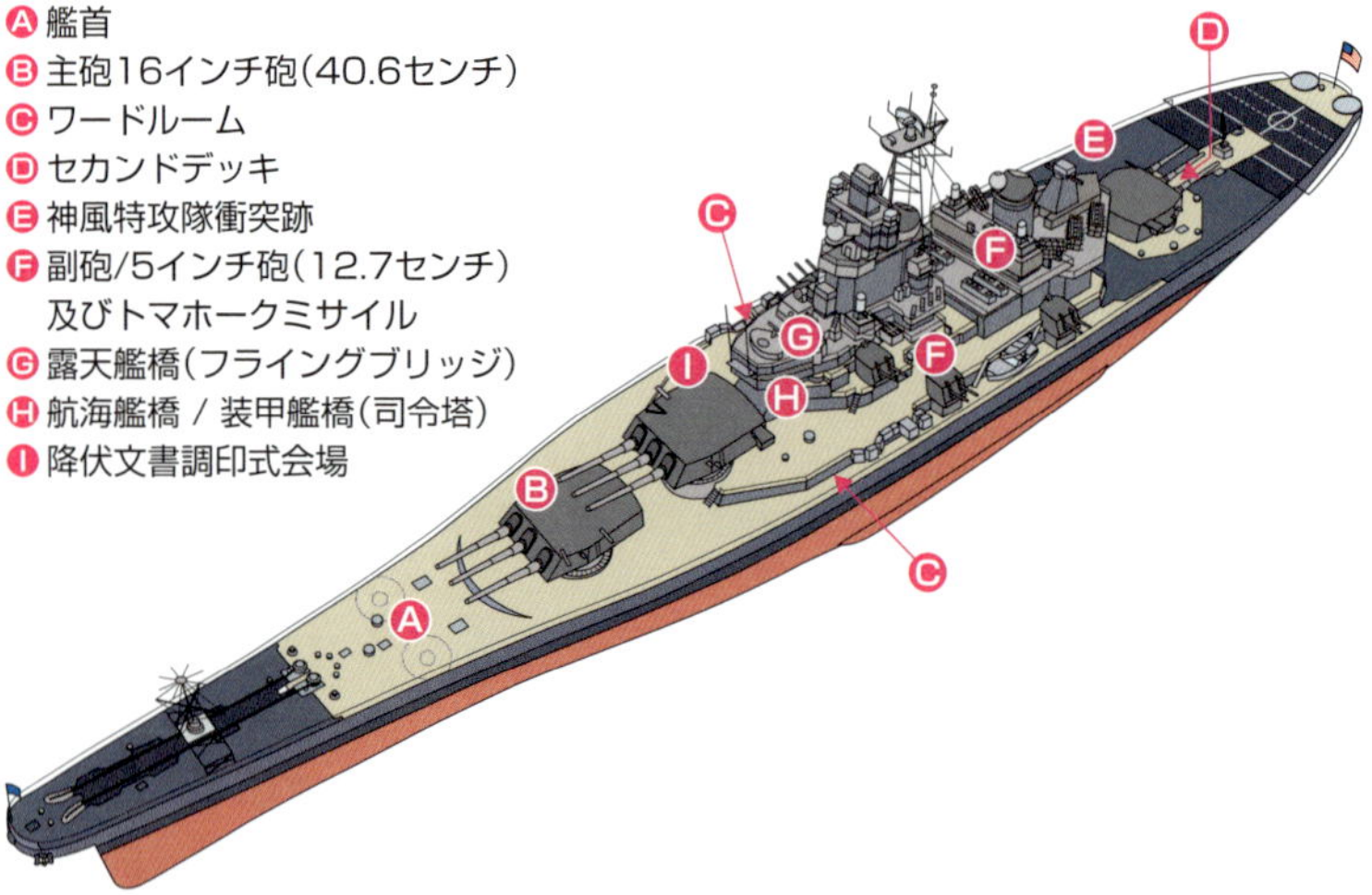
A 艦首
B 主砲16インチ砲(40.6センチ)
C ワードルーム
D セカンドデッキ
E 神風特攻隊衝突跡
F 副砲/5インチ砲(12.7センチ)及びトマホークミサイル
G 露天艦橋(フライングブリッジ)
H 航海艦橋 / 装甲艦橋(司令塔)
I 降伏文書調印式会場
A
B
C
C
D
E
F
F
G
H
I

第四章　太平洋航空博物館

PACIFIC AVIATION MUSEUM

Pacific Aviation Museum Pearl Harbor
Hangars 37 & 79, Ford Island 319 Lexington Boulevard, Honolulu, HI 96818
phone number is: 808-441-1000
http://www.pacificaviationmuseum.org/
http://www.pacificaviationmuseum.org/jp/

真珠湾攻撃の機に乗り込む日本海軍のパイロット。博物館によると、空母飛龍から出撃し、米軍に撃たれて不時着した西開地《にしかいち》重徳《しげのり》二等飛行曹の復元だという。

日本軍の「廣瀬八郎」さんのための寄せ書き。博物館によると、廣瀬さんの詳細は分からないという。この零戦は実物。甲板は博物館が敬意を込めて、空母飛龍のそれを復元した。

パイロットだけではなく、車輪に屈み込む整備兵も、その整備能力の高さへの尊敬も込めて再現されている。技能水準の高さは現代の自衛隊も同じである。

真珠湾攻撃はよく練られた緻密な計画を完遂したものだったと讃えてある。しかしそれなら余計に「なぜ燃料貯蔵基地も爆撃しなかったのか」という重大な疑問がこちらに湧く。

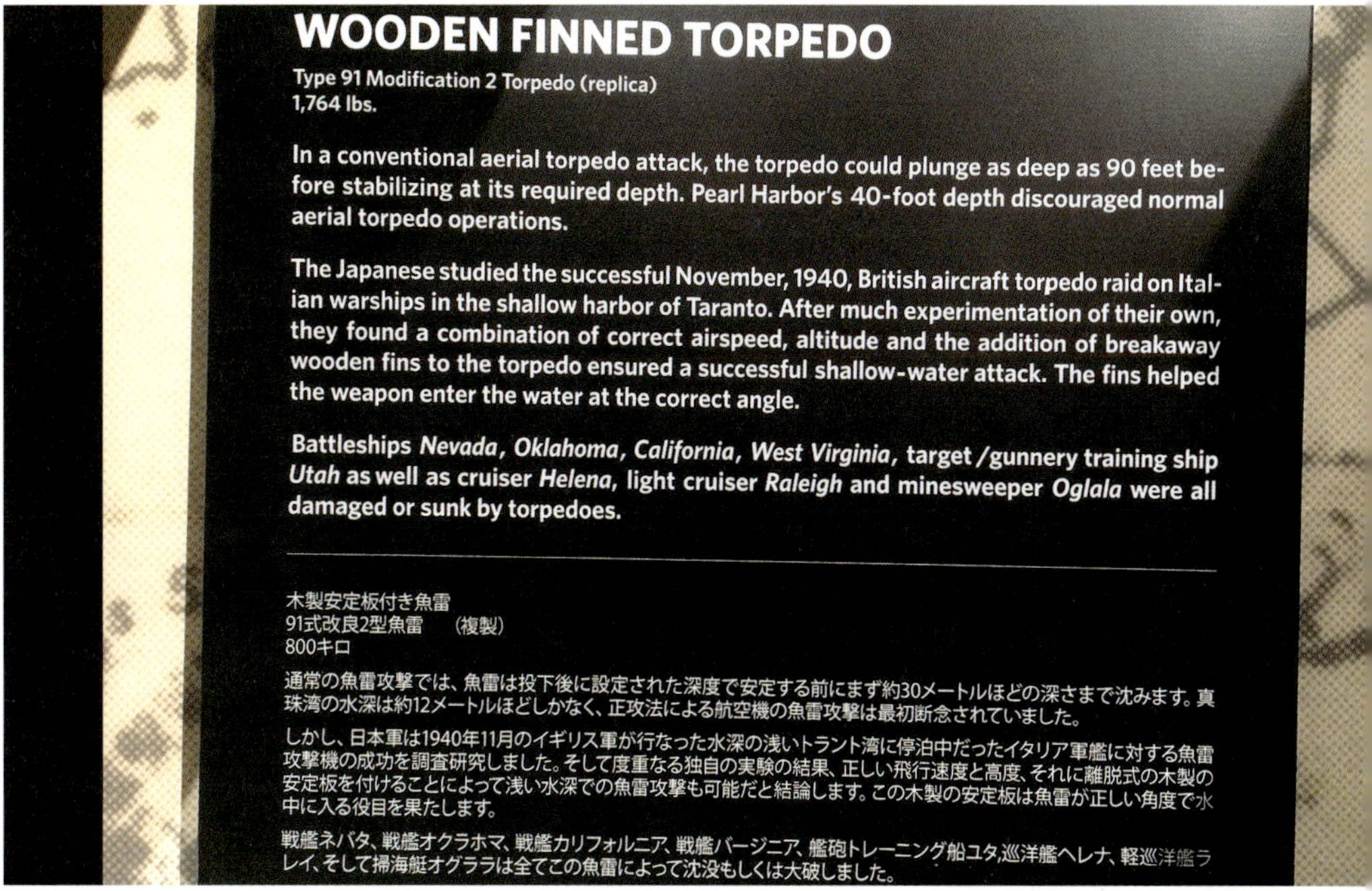
WOODEN FINNED TORPEDO
Type 91 Modification 2 Torpedo (replica)
1,764 lbs.
In a conventional aerial torpedo attack, the torpedo could plunge as deep as 90 feet before stabilizing at its required depth. Pearl Harbor's 40-foot depth discouraged normal aerial torpedo operations.
The Japanese studied the successful November, 1940, British aircraft torpedo raid on Italian warships in the shallow harbor of Taranto. After much experimentation of their own, they found a combination of correct airspeed, altitude and the addition of breakaway wooden fins to the torpedo ensured a successful shallow-water attack. The fins helped the weapon enter the water at the correct angle.
Battleships Nevada, Oklahoma, California, West Virginia, target /gunnery training ship Utah as well as cruiser Helena, light cruiser Raleigh and minesweeper Oglala were all damaged or sunk by torpedoes.
木製安定板付き魚雷
91式改良2型魚雷　(複製)
800キロ
通常の魚雷攻撃では、魚雷は投下後に設定された深度で安定する前にまず約30メートルほどの深さまで沈みます。真珠湾の水深は約12メートルほどしかなく、正攻法による航空機の魚雷攻撃は最初断念されていました。
しかし、日本軍は1940年11月のイギリス軍が行なった水深の浅いトラント湾に停泊中だったイタリア軍艦に対する魚雷攻撃機の成功を調査研究しました。そして度重なる独自の実験の結果、正しい飛行速度と高度、それに離脱式の木製の安定板を付けることによって浅い水深での魚雷攻撃も可能だと結論します。この木製の安定板は魚雷が正しい角度で水中に入る役目を果たします。
戦艦ネバタ、戦艦オクラホマ、戦艦カリフォルニア、戦艦バージニア、艦砲トレーニング船ユタ,巡洋艦ヘレナ、軽巡洋艦ラレイ、そして掃海艇オグララは全てこの魚雷によって沈没もしくは大破しました。
木製の安定翼が付いた、まことに例外的な魚雷だったことが詳述されている。ここ太平洋航空博物館は、真珠湾展示館よりさらに日本人の訪問が少ないが日本語が併記されている。

10
THE NI'IHAU ZERO INCIDENT
EXHIBIT OVERVIEW
「ニイハウ島ゼロ事件」と名付けて零戦の不時着現場を再現している。不時着直後の貴重な写真も。日本海軍が搭乗員を救おうとしていたことが分かる。「死ねと命じていた」という日本での俗説を恥じるべきではないか。

真珠湾攻撃隊の若きパイロットたちも見たコントロールタワー。太平洋航空博物館の正面にある。青山繁晴はこの空にいつも、日本の航空機群の気配が残っているのを感じる。

この空から、このハンガー（格納庫）にも日本の飛行機が殺到した。ガラスにそれが残る。ただし小さい穴だけが日本軍、大きな穴は米軍の誤射や流れ弾だという。

私服で、中国の大嘘の展示会を視察に来た自衛隊の連絡将校。

その制服姿。

太平洋航空博物館の広大なハンガー（格納庫）の天井を埋め尽くした虚偽の展示の垂れ幕。実際の写真を使って嘘を構成している。

ハンガー入口から見た、虚偽の展示会の全体。

中国国民党軍のマークを付けた米軍機の背後に、米軍と協力して中国共産党軍が日本を倒したという全くの虚構の巨大な幕が下がる。

徹底的に嘘を重ねて、真実に見せかけていく手法である。

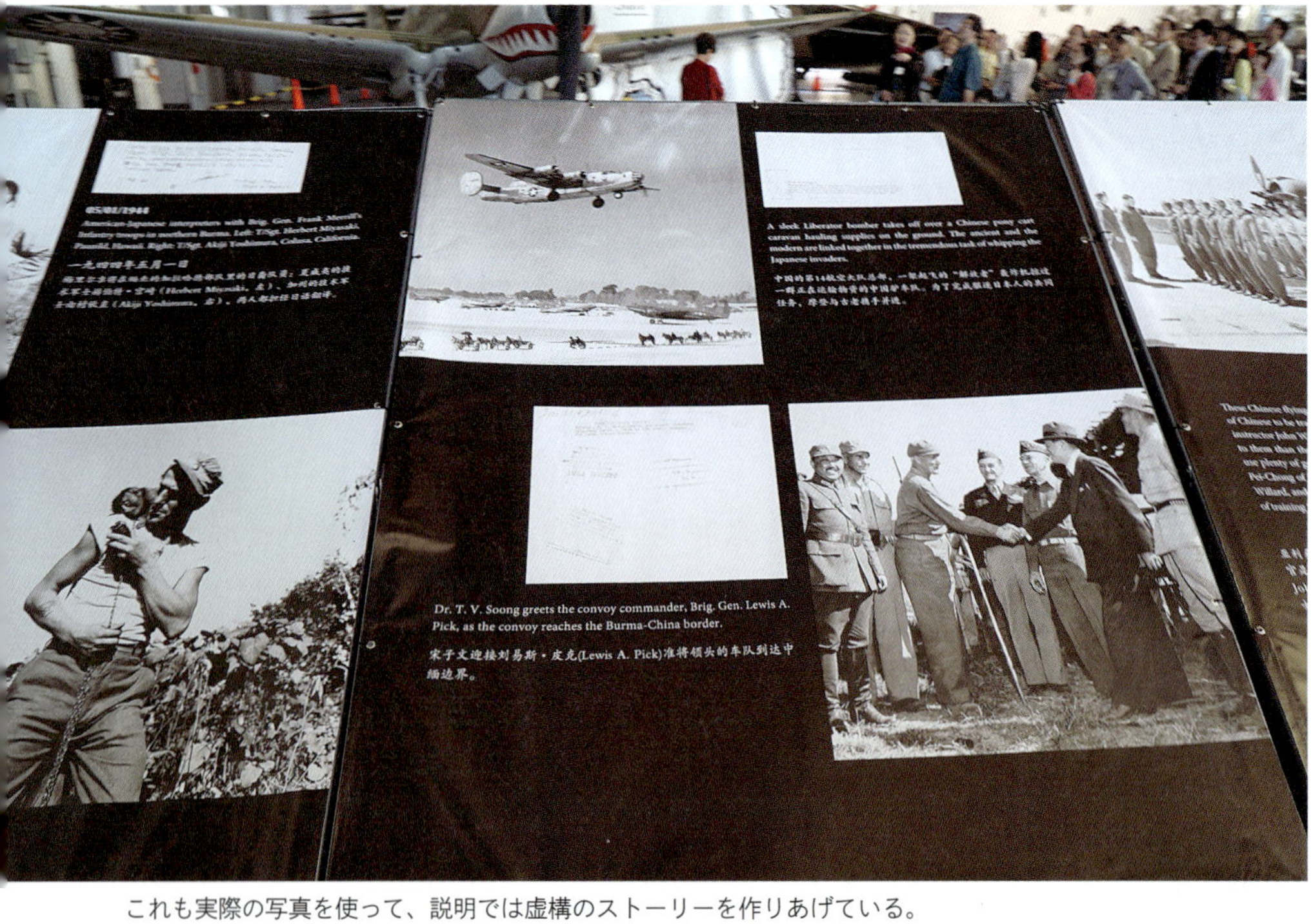

これも実際の写真を使って、説明では虚構のストーリーを作りあげている。

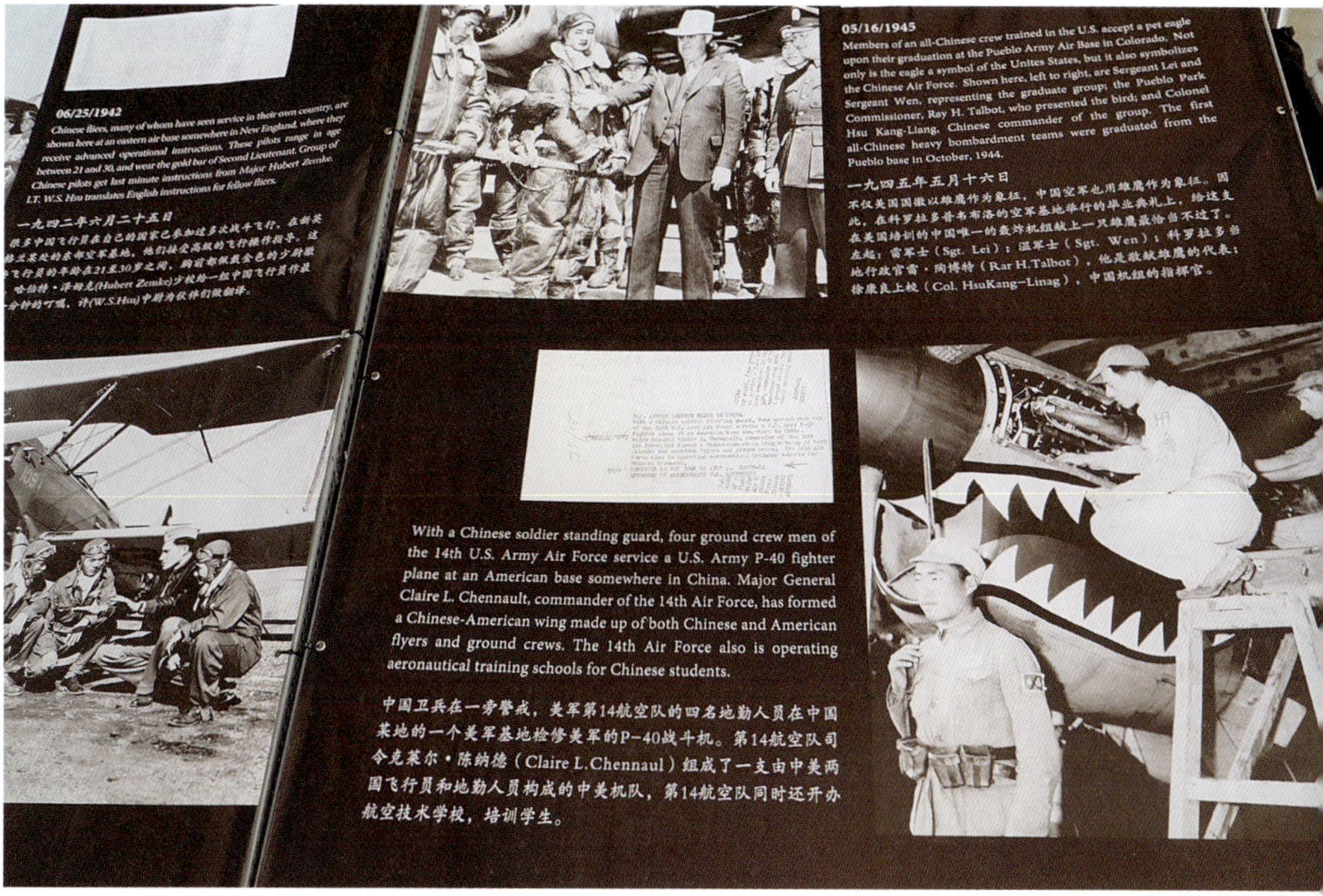

嘘は付けば付くほど真実に化けるという執念すら感じる。

これらのパネルのうち21枚は、このあと青山繁晴の提案を受け容れ、博物館のスタッフ小池良児さんらの尽力で撤去された。

中国側の関係者がしきりに、われわれ一行の写真も撮る。圧迫する意図もある。青山繁晴はもう慣れっこだ。何も悪いことをせず嘘も付かないのだからご勝手に写真を撮って結構。

あからさまに中国風の舞台。展示会の前にここで、大金を注ぎ込んだ派手なレセプション、パーティをやるためだ。

バスの降り場から、虚構の展示会場まで石の道標が延々と並べられているのだが、実は張りぼて。重い振りをしているのは冗談、とても軽い。周りでIDC会員が爆笑。

中国系ハワイ人の女性が花を添える役で雇われ、虚構の会場へ向かう。

太平洋航空博物館にて

この博物館は、戦艦ミズーリを係留している岸壁と同じく、アメリカ海軍管轄下のフォード島にある。

真珠湾攻撃の時代の滑走路に面し、博物館の本館に並んで、ハンガー（戦闘機や爆撃、輸送機の格納庫）がいくつも続き、さらに現役の海軍特殊部隊（ネイビー・シールズ）などの訓練場の建物まで続いている。

博物館入り口の正面には、赤白に塗られた塔が建っている。大戦期のコントロール・タワーである。そのタワーの向こうの連山を越えて、日本の連合艦隊の空母群を飛び立った攻撃隊が突入してきた。

青山繁晴（博物館内に立って）

入口近くの回廊のような場所にはずっと、古い時代のハワイが壁画に描かれています。一番端っこの建物が今ハワイで一番とされるハレクラニ・ホテルで、まだ素朴な民宿だったころの建物だそうです。

ここをくぐると、ほら、いきなり雰囲気がまったく変わります。

まず、どおんと広くなり、眼に飛び込んでくるのは実は、空母飛龍の甲板なのです（P156

正確に再現された真珠湾攻撃の始まり。これは空母飛龍の甲板上で零戦にパイロットが乗り込むところだ。

〜157写真とP169写真参照）。

飛龍から真珠湾攻撃に第二波の攻撃に出撃する場面を、これもまさしく深い尊敬を込めて丁寧に再現しています。

この広いウッドデッキは、だから、空母飛龍のフライトデッキなんですよね。

旭日旗が輝かしく翻っています。等身大のパイロットが二一式零戦のコックピットにちょうど乗り組むところです。驚いたことに、この戦闘機乗りは実際の帝国海軍・二等飛行曹の西開地《にしかいち》重徳《しげのり》さん（第四戦闘部隊所属、母艦飛龍、真珠湾攻撃で戦死）を忠実に再現しているのです。

実際より、いいかもしれませんね（笑）。

長身の、みごとな日本男児です。

ヒーローだけではなく、零戦の足元、車輪のところに整備士が屈み込んで貢献しているところも再現されています。

みなさんが先ほどご覧になった、真珠湾展示館のスケールモデル赤城とまったく同じですね。

ここではさらに何と、それをスケールモデルではなく、全て実物大で再現してしまっています。

みなさん、この零戦は再現ですらないのです。アメリカ軍が戦中に捕獲した実物の零戦を修繕して、丁寧に再塗装し、ここに持ち込んでいます。

それから、もうお気づきですね。

平和な古いホノルルの風景が続いた回廊から出ると突然、戦時になるという展示で、真珠湾攻撃がハワイにとってあまりに突然だった、仮にルーズヴェルト大統領はほんとうは暗号解読で知っていてもハワイでは誰も何も知らなかった――それを表現していますね。

それだけではなく、これもお気づきですか。

見てください、最初にこの空母飛龍と零戦と日本兵が出てきて、その次にアメリカ軍が展示されているのです。

日本が先です。

もちろん、日本の先制攻撃がまずあって、という時系列も意識していると思います。しかしそれを卑怯な奇襲と考えているのなら、このような立派な再現、それも実機、実在の戦闘機乗りらを、本物かと思うほどの甲板に展開しないでしょう。

さて、ここで先ほどの残念な日本人ガイドさんとは大違いの国士のかたをご紹介します。この太平洋航空博物館の重要スタッフ、「イーストバウンド・スペシャリスト」（東方担当専任）の小池良児さんです（拍手）。

なんと日本ではレーシングドライバーだったかたで、現在はハワイ在住、日米双方にとってフェアな視点をお持ちの小池さんです。

小池さん、みなさんにポイントを説明していただけますか。

小池良児　はい！　ここに展示されているのは製造番号五〇〇番の零戦です。これはソロモン諸島で（ガソリン不足で放置されているのを）発見されて米軍に接収され、アメリカ本土に送られて一九八〇年代に復元されています。

ですから実際には飛べる状態で、現実に飛んだ歴史が残っています。本当に当時のものそのままで復元されたのは、二一型ではこれだけだそうです。現在、時価五億円くらい。いま零戦はアメリカではすごい人気ですから。

アメリカの試算では零戦一機でアメリカの飛行機を五〇機落とせるという結果も出ています。これは、空母飛龍から飛び立つ時のパイロットの服装まで忠実に再現してあります。零戦もエンジン以外はすべて純正のものをベースに復元してあります。

青山繁晴　小池さんは昨日、ぼくたちと一緒にこの博物館の敷地内のハンガーで、中国が

「NATIONAL《ナショナル》 MEMORIES《メモリーズ》 国家記憶」というあまりに露骨な嘘の展示会（P162～167写真参照）を準備しているのを見たあと、上層部に抗議して、極端な嘘のパネル二一枚はとりあえず撤去されたそうです（拍手）。

いま、みなさんの後ろで中国人のスパイが二人、撮影して回っていました。胸に国家記憶というバッジを付けて。冗談みたいな話ですが、残念ながら冗談ではない。

小池さんは、これからもそういうプレッシャーと戦わなくてはならないのですね。

小池良児　はい、戦っております。（戦いを）続けます。

青山繁晴　今後もみなさん、折に触れてハワイに来て、この博物館を訪ねて頂いて小池さんというフェアな愛国者をサポートしてあげてください。

小池良児　ありがとうございます。

（インディペンデント・クラブ〔IDC〕創立以来、初めての試みの海外研修となったハワイ真珠湾訪問は、天の恵みか、面白くて、かつ考えさせられるハプニングの連続となった。

戦艦ミズーリでのガイド騒動もそうだし、前述のわたしと小池良児さんとの対話に出てくる中国の展示会も、思わぬ遭遇だった。

IDC会員をハワイに迎える前に、わたしと独研社員たちは、あらためて入念に下見をした。

わたしにとってはアメリカ太平洋艦隊司令部の訪問を含めて、慣れ親しんだ地であっても、広く国民から会員を募集しているIDC会員のなかには、もちろんハワイが初めてという人も居れば、これ一度だけしかハワイに来ることがない方も居らっしゃるかも知れない。

自分たちに何か思い込みがないか、スムーズな移動ができるかなどなどを下見していると、この太平洋航空博物館では、たまたま異様なものに出逢った。

博物館の本館をあらためて丁寧に見て小池さんや博物館首脳陣とも打ち合わせて、隣のハンガーに移動すると、まず途中の道に「NATIONAL《ナショナル》 MEMORIES《メモリーズ》　国家記憶」という立て看板が延々と立てられている。どこか中国風で、みると確かに中国共産党の主導でここのハンガーを使って開く展示会だ。その看板を見て歩くうちに仰天した。

第二次世界大戦とは、中国共産党軍とアメリカ軍が一致協力して日本軍を叩き潰した戦争であったという、極めつけの度《ど》しがたい嘘を展示するという前宣伝である。

大戦中、八路軍と名乗り、現在の中国人民解放軍の前身である共産党軍は、そもそも日本軍とほとんど交戦していない。日本軍が戦ったのは、中国国民党軍である。また、その八路軍とアメリカ軍が協力していたとか、共同作戦をとっていたとかはお笑い話にもならない。

ハンガーへの道には、立て看板だけではなく「これが米中共同作戦の道のりだった」という大きな石の道標まで、これも延々と続いている。ところが触ってみると、石に見せかけた、ただの張りぼて（P169上写真参照）である。象徴的とも言えるし、笑いも誘うが、これが笑ってばかりもいられない。

中国共産党による、深刻にして新たな反日の謀略宣伝と直結しているからだ。

わたしはふだん、ささやかな信念を持って謀略や陰謀といった言葉をほとんど使わない。だがこれは、まさしく謀略としか言いようがない。

アメリカは第二次世界大戦の記憶によって、現在のアメリカとなっている。敗戦国の日本と対照的に戦勝国のアメリカは、戦争の意義を子々孫々に日々、教え込んでいる。その戦勝に、中国が協力していたという仮想現実をアメリカのこどもたちに刷り込めば、やがて中国系の政治家が選挙で当選していき、最終的には中国系のアメリカ合州国大統領が誕生し、その中国系大統領が日米同盟を破壊するという壮大な工作シナリオである。

絵空事や誇張ではない。現に、たとえばアメリカ西海岸の主要都市で日本人にも人気のサンフランシスコの市長はとっくに中国系、そのシスコと有名なベイブリッジで結ばれた隣のオークランドも中国系の女性市長だ。シスコでは、韓国の反日工作と連携して、これも捏造の「慰安婦像」の建立に取り組んだり、「抗日戦争記念館」なるものを全米で初めてオープンしたりと中国系市長のもとで中国共産党が好きなように動いている。

わたしたち日本人が、スタンダードの名曲「霧のサンフランシスコ」から始まって憧れ、愛したシスコはもう戻ってこない。

わたしは毎年一二月に、シスコで開かれる世界最大の資源学会「ＡＧＵ」（アメリカ地球物理学連合）に参加するたび、シスコが中国の一部にされていく気配を感じる。

その中国共産党の主なターゲットのひとつが、ここハワイということを示す展示会でもある。

ハンガーに入ると、巨大な空間が、中国共産党の工作の一部として作られた写真入り垂れ幕で埋め尽くされ、広大なフロアも大きな写真パネルで一杯になっていた。中央には、もろに中国風の祝賀用の舞台が設置されている（P166下写真参照）。これら垂れ幕とパネルはいずれも、大戦中の実際の写真をコラージュして、巧みに嘘が真実であるかのような印象操作をしてある。

あろうことか、内戦で殺し合った国民党軍の将兵や武器が、まるで共産党軍のそれのようにすり替えられている。大戦中、国民党軍は確かにアメリカやイギリスの支援を受けていたから、国民党も共産党も同じ中国だと展示で強調すれば「米中合作」になるという仕掛けだ。

ここに、もうひとつの、中国共産党の根深い工作が隠されていることにお気づきになる賢明な読者も居らっしゃるだろう。

そう、台湾を呑み込む戦略の一環である。

太平洋航空博物館の「東方担当専任」の研究者である小池さんは、愛国者というだけではなく、良心派でもある。ついでに申せば、博物館を訪れる障害者や高齢者にどれほど優しく、忍耐強いか。

この元レーシングドライバー、小池さんの担当する「東方」には当然、中国も入っている。わたしは小池さんに「この展示会は、博物館の権威を失墜させます。このまま開いてしまうのではなく、緊急措置としても、あまりに嘘が激しい垂れ幕やパネルは撤去させるべきではありませんか」と問題提起した。

さらに博物館首脳に直接、「中国は多額の寄付をしたのですね」と問いかけた。

首脳はアメリカ人らしく率直に、「中国は確かに大きな金銭的貢献をしてくれている。博物館は、真珠湾展示館などから、軍が厳しく管理する橋を渡ってこなければならないこともあって、来館者がなかなか増えない。だから中国の金銭的貢献は助かる」と答えた。

そして、前述の小池さんとの対話にあるように小池さんは素早く動いてくれて、全部ではなくても、パネルのうち二一枚は撤去を成し遂げてくれたのだった。

しかし垂れ幕はそのままでもあり、展示会は総じて予定通りに華々しく開催された（P167下写真参照）。展示会を含めた中国の工作の狙いのひとつは、明らかだ。

この書でガイドしている、真珠湾展示館のフェアな展示を全て根こそぎ、反日展示に差し替えることである。

真珠湾展示館は数年前、大改装が行われた。改装中で入れない当時に、わたしはワシントンDCの国防総省で知友から「中国から、この際、展示内容を変えろという賄賂工作、圧力、懐柔が凄まじくてね」という直接証言も聞いた。前述した通りである。

わたしはたいへんに心配し、ささやかなりに働きかけもした。結果は、むしろ日本をさらに絶讃する展示となっている。

しかしこのままだと、それは最後の輝きになってしまいかねない。

そうさせないためにも、読者のみなさん、真珠湾にどうぞ行ってください、日本で忘れられ、中傷されるわたしたちのすぐ前の先輩の姿をどうぞ、ありのままに見てください。

それが日本国民の穏やかにして効果的な反転攻勢の、何よりの一歩になります。

さて、小池さんの展示説明に戻りましょう)

小池良児

日本の連合艦隊からは第一波攻撃、第二波攻撃で三四七機が来襲しましたが、二九機が空母に帰還できていません。うち零戦は九機が撃墜ということになりますけれど、当時としてみれば零戦の運動性能というのはアメリカの飛行機とは比べ物にならないくらい、卓越したものがありました。「空の魔術師」とも呼ばれていて、アメリカは最初「ジーク（ZEKE）」と読んでいたのですが、最後には「ゼロ」というコードネームになりました。

(展示はこのあと、ようやくアメリカ側の内容になる)

小池良児

当日の朝、民間機が五機飛んでいたと言われているのですが、ここに展示されているのはそのうちの一機です。実物です。

ホノルル・フライト・スクールという教習所の教習機だったものです。それに教官と生徒が乗っていて、オアフ島から五〇キロ離れた隣のモロカイ島に練習に行って、戻ってきたときに戦争が始まっていたそうです。

海軍・二等飛行曹の西開地さんが無事に不時着させた零戦は、最後にはこんな無残な姿となった。その展示である。

アメリカ側のストーリーでは、日本の攻撃から命からがら逃げ切った飛行機ということになっています。

日本の攻撃隊のご存命の方から聞いた話では、この民間機と遭遇したときに零戦が「危害は与えない。邪魔だからどきなさい」という仕草をしたそうです。

日本の零戦が一機でも飛び立てば、アメリカの戦闘機を実に五〇機近く落とせる。それだけのパフォーマンスがある飛行機と評価されていたので、このような教習機は落とそうと思えば落とせないわけがないのですが、そうしませんでした。

これはいま唯一残っている、真珠湾上空を飛んだ飛行機そのものの残骸です（P178写真参照）。

先ほどの西開地重徳二等飛行曹が乗られていたもので、飛龍から発艦しています。第二次攻撃隊で攻撃に来たときに、アメリカ側からの攻撃を燃料タンクに受けて、母艦に戻れなかった飛行機の一機です。

当然、金属がこうしてぼろぼろになっていますけれど、七五年経ってもアルミがこれだけ腐食が進まないというのは――当時の住友金属が造ったアルミ板らしいです――その精錬の技術というものは相当高度なものだったんですね。

アメリカの飛行機が七五年経ったら、こんなにいい状態を維持するなんてことには絶対なっていません。それはアメリカのエンジニアもみんな認めている日本の技術の一つです。母艦に戻れない飛行機は、燃料がなくなってしまう前に、ニイハウ島というオアフ島から西へ一五〇キロ離れた島に不時着するというのが、日本海軍がつくっていた救助用のプランでした。

そしてニイハウ島に不時着した飛行機は、日本の潜水艦が帰りがけにピック・アップする予定になっていました。

西開地重徳二等飛行曹は、先ほど言ったように燃料タンクに被弾したので、この博物館が保管している記録では実際に潜水艦に信号を送っています。

（これはアメリカ側が記録を保存している重大な史実である。敗戦後の日本では、「母艦に戻れない時は、捕虜にならないように死を選べと海軍が指示していた」という根拠のない、ステロタイプ、紋切り型の風説が流布されている。その風説だけを元に安易に書かれた書籍、作られたテレビ番組、映画がたった今も日本では絶対多数派である。話が逆なのだ。敵のアメリカが事実を語り、味方が味方自身を貶める)

その西開地さんの発信した信号の電波が弱くて潜水艦には届かなかったそうです。

被弾して、この緊急避難先のあるニイハウ島に向かった飛行機はもう一機あって、燃料が尽きて海に墜ちて戦死しています。西開地さんはハード・ランディングで畑に降りて、そのとき命は助かっています。

この島は当時、イギリスのエリザベス・シンクレア公という公爵の持つ個人の島でした。ハワイ州には属しているのですが、いま現在も米語ではなくハワイ語を母国語としている島です。畑が多いということで日本海軍が避難場所に選びました。この飛行機が不時着したとき、そこにたまたま居たのが日系二世の原田義雄さんという方でした。西開地二飛曹はしっかりとは英語を話せなかったために原田さんが通訳して、あくまで人道的に助けました。

そして南側の海岸線に潜水艦が来るということで、そちらに西開地さんを連れていって三日間、一緒に待った。しかしニイハウ島にも無線で、日本軍がパールハーバーを攻撃したという情報が入ってきたから、西開地さんの飛行機から機密書類が盗まれてしまいました。それを知った西開地さんはピストルを手に書類を取り返しに向かいますが多勢に無勢で殺されます。戦死は戦死でもそういう死に方です。これは「ニイハウ事件」といって、本当につい最近までアメリカで裁判が行われていたのです。

原田さんは、西開地さんが日本人で言葉が通じないから助けただけですが、アメリカは原田さんをスパイとして拘束しようとしました。原田さんは一週間後に自決されてしまいました。本当に善意で、言葉の通じない方を助けただけなのに。

その後、残った家族の方たちがみんなスパイ容疑をかけられて、キャンプという名の捕虜収容所に入れられ、凄く辛い思いをしたそうです。つい一〇年前までは原田さんの奥さまがご存命で、ハワイの日系人がみんなで支えました。そして戦後のハワイを日系人の方々が支えたことで、ハワイは親日で、みなさんのように日本人がこうやって来られると、たいへんに優しく歓迎してくれるのです。

この飛行機は、西開地さんが書類を盗まれたとき、それ以上調べられるのを防ぐために自ら火をつけて燃やしました。だから胴体がないのです。

青山繁晴　この写真（P159下写真参照）が……。

小池良児　彼が西開地二等飛行曹です。で、これが原田さんです。ですから、困っている人は助けるという日本の文化、あるいは昭和の時代がいまだに残っているのがハワイです。

アメリカのドーントレス急降下爆撃機の実機を見あげる青山繁晴。空母赤城も飛龍もこの編隊が撃沈した。

（小池さんは、現地ハワイ・パールハーバーの公式博物館の研究員として、記録に基づいて克明に史実を語られた。

悲劇であるだけに、日本軍に対する俗説が間違っている切実な証拠でもある。善意の人をスパイ扱いして自決に追い込んでしまった当時のアメリカと、どこか似たような名誉の毀損をずっと七〇年間も続けてきたのが、戦後の日本であることも示している）

小池良児

これは（真珠湾攻撃の翌年の）ミッドウェー海戦のアメリカ側の立役者、ＳＢＤドーントレス急降下爆撃機です（Ｐ182写真参照）。ミッドウェーではこの飛行機に負けたと言っても過言ではありません。

アメリカは日本の三二二機に対して、一

五〇〇機を準備していたと言われています。アメリカにとってミッドウェーは自分の基地ですから燃料もなんでもありますから日本の機動部隊をどんどんおびき寄せました。

一方、日本はアウェーになりますから、空母に戻る以外には燃料や弾薬の補給ができません。その空母に対してアメリカは、六月四日から集中的にドーントレスを飛ばして攻撃しました。四日間の戦いで、アメリカ側は四〇〇機弱が撃墜されているのですが、日本側は一〇機未満でした。日本側に飛行機は約三〇〇残っていたのです。

ただ、そうしたなかで最後まで残っていた空母、飛龍が火災を起こして着艦不能になりました。空母四隻が全部、火災になっていますから、降りるところがありません。燃料が切れて海上に不時着です。

アメリカはすぐ近くに基地がありますから、第七艦隊の潜水艦がすべて来ていて、海に不時着して飛行機から出てきた日本兵を皆殺しです。日本軍にしてみれば、有能なパイロットとエンジニアを六〇〇名、ここで失ったわけです。日本の二軍の人たちでもレヴェルはアメリカよりずいぶん高かったということで、その後ものすごい勢いで日本軍は空中戦を戦っているのですが、それでも既に六隻の空母すべてが使えなくなっていましたので、そこで勝負あったとなります。

ずっと押し戻され続けて最後は沖縄戦となります。

（この部分は、なぜ真珠湾でここまでアメリカが正直に、日本の当時の優位性を展示しているかの真の理由が分かっていく大事なところである。

アメリカは、失敗にこそ学んで立て直すことが大切だと、こうして子々孫々に訴えているのだ。

真珠湾では先進的な日本海軍にやられたからこそ、そこから謙虚に、かつ急速に学び、わずか半年後の一九四二年六月のミッドウェー海戦で日本海軍を逆に叩きのめした。

あの空母赤城もここで沈んだ。真珠湾からたったそれだけの命しか保てはしなかった。

これが本当の日米の違いである。戦勝と敗戦の違いではない。それは結果だ。肝要なのは結果を引き起こす原因であり、それこそ「失敗に学ぶ」か「失敗を隠して顧みない」かの違いなのだ。

ミッドウェー海戦の大敗を、日本海軍はあろうことか、陸軍に知らせなかった。それどころか天皇陛下にも上奏せず、もちろん一般国民も含めて海軍の当事者以外には誰も知らなかった。

これでどうやって、その後の陸海軍の統合作戦を立てるのか。どうやって国策を決めるのか。

隠蔽を山本五十六連合艦隊司令長官が主導したとは考えないが、それでも重大な責任を永遠に免れない。わたしは山本閣下を人間として深く尊敬しているが、その体内に、祖国の致命的な欠陥を抱えておられたことも事実である。

致命的な欠陥とは、放置すれば死に至る病ということだ。敗戦から何十年を経てもなお、この病は放置されている。その証拠のひとつは、靖國神社の遊就館である。

先に述べたように日本は主要国のなかで、国立の戦争記念館、つまり勝因、敗因の分析の中心施設をいまだに持たない、唯一の国だ。

そのなかで靖國神社の遊就館は、国に代わってそれに取り組んでいる、志に満ちた優れた施設である。それにもかかわらず敗戦の原因について自らに厳しい分析はほとんど見られない。

遊就館は有料の施設だが、入館料を払わなくても入れる公開ロビーに、零戦の実物が展示してある。あらゆる人に見て欲しいという靖國神社の意思が感じられる。

ところがその零戦の前のちいさな説明版には「戦争初期には大活躍した」という趣旨が書かれているだけだ。「では戦争の中期、そして末期にはどうだったのか」と誰でも思う。だが入館料を払って中へ入っていっても、零戦がやがて辿《たど》った悲惨な運命は、ほんとうには描かれていない。

アメリカは零戦一機を捕獲して解体し、あの奇跡の運動性能の高さ、航続距離の長さの秘密のひとつは「パイロットを一切、守っていないことにある」と知った。

その分の装備を省き、重さを軽くしているのである。もちろん、これだけが高性能の理由ではない。しかしアメリカはその後、徹底的にパイロットだけを狙い撃ちし、熟練のパイロットが次々に殺され、未熟なパイロットばかりになっていったから特攻という、突っ込むだけの戦術になっていった側面もある。国防総省の現役空軍当局者は、わたしにそう語った。

戦史によると、日本の技術者たちはこの現実を踏まえて海軍軍令部に零戦の根本改革を申し入れたが、海軍の首脳たちは成功体験を忘れられず、なかなか聞き入れようとはしなかった。

現在たった今の日本と、そっくりである。

たとえば資源エネルギーという国家の根幹をみても、凍った天然ガスであるメタンハイドレートという自前資源をわたしたちが発見し、政府が動かないから独研がボランティアで日本海から実物を西暦二〇〇四年からずっと採りだしていても「中東から天然ガスも油も買って、それで日本経済は上手く回ってきたんだから、それでいい」という既得権益に阻まれて実用化が進まない。

そして、こうした既得権益にぶら下がり続けるひとびとは、学校時代の成績によってエリートになった人々が圧倒的に主流だという事実も、敗戦前、敗戦後、まったく同じだ。

日本海軍は、江田島の海軍兵学校の成績順で将軍になっていった。現代は東大法学部の成績順に旧大蔵省、現財務省のトップを選ぶのとそっくりである。模範解答をまねるだけの受験勉強の成績頼みで、どうやって未踏の新境地を切り拓くリーダーをつくれるか。

真珠湾の展示は、単にアメリカにフェアな姿勢があるというだけの話ではない、そのことのもうひとつの意味がここにある。

若い人がこの展示をみれば「失敗にこそ学ぶ」という最も肝心なことを知る、その国家の根本的な教育戦略があってこそである。

(一行はこのあとハンガーに移動した。中国が例の嘘の展示会を開いている真っ最中のハンガーである)

青山繁晴　小池さん、これらのアメリカ軍の飛行機はレプリカでなくて本物ですよね?

小池良児　本物そのものです。アメリカ側は、戦争が終わった後も飛行機を維持できていますから。

たとえばこれはキティホーク（カーチスP40）（P166上写真参照）、中国に対してアメリカのパイロットが義援軍として飛ばした飛行機です。

開戦時には中国空軍というのは日本の零戦に全滅に追い込まれていますから……

青山繁晴　ちょっと待ってください。ここで「中国」というのは、共産党や中華人民共和国ではないですからね。このマークを見てわかるように蒋介石の国民党です。

このハンガーを埋めてしまっている垂れ幕やパネルの写真の中国人もほとんど全部、国民党です。それを中国共産党が嘘で自分たちがやったということにしているわけです。

小池良児　零戦は中国軍（国民党軍）には一機も落とされていません。アメリカ軍は自分の飛行機が、自分たちの与えた対空用の武器で（中国国民党軍に）撃たれるのを防ぐために、蒋介石軍のマークを入れて飛んだのです。

小池良児　こっちは映画「インディ・ジョーンズ」シリーズの撮影などで使った、ハワイにあったDC3軍用輸送機です（P189写真参照）。一九四〇年から造られて、ダグラスの名機と言われています。いまだにコロンビアや南アフリカでは現役の旅客機として飛んでいます。「インディ・ジョーンズ」シリーズでジョーンズ博士が乗っているのはこれでした。

青山繁晴　ちなみにみなさん、ごめんなさい、昨日の下見では小池さんのお蔭でぼくは中に入れてもらいました。

小池良児　はい、青山さんだけ特別に。今日は他に一般客も居ますから……。

青山繁晴　中から顔を出したら、目の前のフロアには中国人がいて、ぼくの顔の写真を撮りました。

小池良児　もう一週間前から彼らはずっと出入りして、こういうディスプレイは皆、持ち込みなのです。ですからこれは博物館が作ったものではありません。ですから、そのあたりのことだけは誤解していただかないようにお願いします。ここはもう完璧に中立の立場を維持しないといけませんから。

ただこのＤＣ３、旅客機タイプは二一名乗り、いまの日本航空が一九五三年に誕生するんですが、羽田発のこの飛行機によってその歴史が始まっています。そういう意味で日本にもなじみの深い飛行機で、昔のいい時代を感じられる飛行機ですね。

（一行はハンガーの出口に向かう）

青山繁晴　この出口のある壁の窓ガラスがなぜ壊れたままなのか（Ｐ190写真参照）と思っている人もいますよね？

「インディ・ジョーンズ」の映画にも使われた実機のDC3軍用輸送機。青山繁晴が特別許可で機内に入ると、懐かしいような匂いと空気があった。

実は、これは真珠湾攻撃のときに開いた穴で、それも実は小さい穴は日本軍だけど、大きなのは、アメリカ軍が間違って撃った穴です。

小池良児　アメリカの迎撃の弾が当たっているのですが、ここに当たるくらい日本の攻撃隊が低く飛んでいたのです。

このハンガーの前が滑走路ですから……（P160下写真参照）。

青山繁晴　みなさんの前にある、いま草が生えてしまっているのが元の滑走路です。

小池良児　一九一六年に造られた、ハワイで一番古い滑走路です。一九九九年まで使われました。

（ハンガーから博物館に戻る道を歩くと、戦闘機などが露天でも展示されている）

真珠湾攻撃で空いたハンガーの正面ガラスの穴。ちいさな穴だけが日本軍、大きな破れは米軍の誤射だと博物館の研究員が教えてくれた。

青山繁晴　みなさん、わが自衛隊の先代統幕長（統合幕僚長）は、岩崎茂さんという人ですけど、あそこのフェンスの向こうに置いてある戦闘機（P191写真参照）は、これからアメリカ軍のトップが岩崎さんのために色を塗り、岩崎と名前を入れるそうです。

小池良児　去年（西暦二〇一四年）の六月に、ここ真珠湾の最高司令官が市ヶ谷の統合幕僚長を訪問したときに、あの飛行機を、岩崎さんが乗っていた時の日本の航空自衛隊のカラーにして、「岩崎」と名前を入れるという約束をしました。

青山繁晴　岩崎さんは、F104Jという戦闘機のパイロットでした。

小池良児　F104というのは、基本的

自衛隊の先代（2015年時点）の統合幕僚長のための塗り替えを待つ、F104戦闘機。

にはアポロ計画のために造った飛行機です。ですから、ホントは直進性しか考えていません。それなのに三菱が造るとJモデルとなって運動性能が上がり、岩崎さんは唯ひとり、F104JでアメリカのF15戦闘機にドッグ・ファイトでロック・オン（照準をぴたり合わせて撃墜できる状態）したのです。これは凄い伝説です。

青山繁晴　それは初めて聞きました。

小池良児　今度会ったら、言ってください。すごく喜ぶと思います。

青山繁晴　日本ではぼくも知らないのに、アメリカではそれは知られているんですね。小池さん、あの向こうの山（P192写真参照）について説明してください。

小池良児　はい。目の前の山はワイアナエ山脈と言って、海抜が一一八〇メートル、

この空から、わたしたちの先輩がやって来た。

富士山の三分の一くらいの山です。この山はいまだにアメリカ軍の所有下になっていて、一般の人は入れません。ヴェトナム戦争のとき、あの山のなかに核シェルターを作って、いまだに維持しています。

青山繁晴　わが零戦をはじめ攻撃隊が来たのは？

小池良児　第一次攻撃隊は一番右の裾野のところからです。あそこが、ハレイワという一八八五年につくられた日系人の町です。そこの手前で「トツレ」（「突撃隊をつくれ」という暗号）を打電しているのですね。それが七時四〇分です。その四分後、あの裾野から、水平爆撃隊は山の裏側に行ったそうです。

あとは雷撃隊が山の手前を右側から入ってきて左側に抜けながら、高度一〇メートルをずっと維持していったそうです。

零戦はこの上空一〇〇〇メートルくらいのところを旋回しながら、地上の迎撃に対して攻撃をするのと、地上から敵機が飛び上がってきたら、それを迎え討つというのが役目だったそうです。

青山繁晴　オカルトではなく話したいのですが、ぼくがかつて最初にここを訪ねたときに、あそこの管制塔、小池さんによると航空管制塔ではなくて船の管制塔だそうですけど、あそこと太平洋航空博物館の間に立って、この空を見たときに零戦の気配、日本の飛行隊が大空を埋《うず》める気配を感じました。実は、今この瞬間もぼくにはありありと伝わってきます。最初の時だから、何年まえですかね。三〇年まえ？　それぐらいまえからずっと気配があって、今日来てもその気配はぜんぜん変わらないです。

実際にここの空なんですね。

小池良児　もうまったくそのとおりです。ここの上空一〇〇〇メートルのところにいました。

青山繁晴　ぼくは気配だけ感じていて、昨日、小池さんに初めてお会いして、実際にここの空だったことをお聞きして、「なんて不思議なことなんだ」と思っていたのです。

勝手に思ってきたことが、小池さんの史実研究によって、裏付けられました。

小池良児　間違いのないことです。日本の第一次攻撃隊と戦った米兵の方が、まだ二名ご存命で、こうした方からも聞いた話です。そうやって、本人から聞いて伝えられるのが本当に最後の時代なので、そういったことはすごく大事なことだと、ぼくも青山さんと同じく感じています。

青山繁晴　今日、じつは九四歳近いディック・ジロッコさんという、その米兵の生き残りの方が待っていらしたのですが、一四時で、体力の限界ということでお帰りになられました。

小池良児　ＩＤＣのみなさんも、どなたでもまた個別にここに来られるチャンスがあったら、小池に言ってください。一四時までに来ていただければ話もできると思います。

（海上自衛隊のＴ二等海佐、国際基準では海軍中佐とばったり会う。独研は常に、国際基準で階級を呼ぶ。右翼とか左翼とかの問題ではない。自衛官は国際社会に出ると必ず、その基準通りに名乗っている。ダブルスタンダードを政府が廃するべきだ）

青山繁晴　あーっ、Ｔさん、なんで今日は制服じゃなくてポロシャツなの？（Ｐ161写真参照）

Ｔ中佐　青山さんに教えてもらった例のチャイナのイヴェントの様子を……制服で来るわけにもいきませんから。

青山繁晴　日本のニンジャです（笑）。中国の工作展示会を昨日ぼくから聞いて、ちゃんと見にきたんですが、みなさん、小池さん、Ｔ中佐です。わが海上自衛隊の連絡将校です。

みんな、握手しましょう。
小池良児　あの、（嘘の展示会は）外から見られますから。
T中佐　どんなものか、確認させてください。
小池良治　何か言われたら「小池に話してある」と言っていただければ大丈夫ですから。
T中佐　ありがとうございます。それでは。
青山繁晴　ちゃんと任務を果たしています。しかもこれは与えられた任務ではなくて、彼が個人的にボランティアで遂行する任務です。

ワイキキへと戻るバス車中にて

青山繁晴　みなさん、お疲れ様でした。
はい、行きましょう。Mr. driver, Let's go.
出てまもなくアメリカ太平洋艦隊司令部がちらっと見えますから。中国との野合ではなくて、日本と同盟を続けるように、手を振ってあげてください。さっきいた、T中佐は普段そこに勤務しています。
左手奥はアメリカ太平洋艦隊司令部です。

（バスが走り続けて……）

左側の住宅街を見てくれますか。アメリカ軍の将校たちの家です。中佐以上は、さっき訪れたフォード島のゆったりとした邸宅に住みます。中佐以下、とくに下士官は、向かって左のあたりの家々ですが、これでも充分に立派ですよね。

さっきのT中佐が昨日言っていましたが、このハワイの感覚でアメリカの軍人が日本に駐在して米軍用の住宅をつくれという時、日本側といつも揉めるそうです。アメリカ側からしたら、「これは人間の住む広さじゃない」と言うし、こちらからしたら、「軍曹くらいでなんでこんな広い家に住むんだ」ということで毎回ケンカになるそうです。

この辺は、右も左もまだまだ軍のfacility《ファシリティ》、施設ですね。軍の住宅地。ちなみにそのうち軍人専用のゴルフ場も見えてきます。あれは、軍人の子供の学校です。

アメリカで軍がいかに尊敬されていて、国の中で重きを成しているかということであって、この地に来る自衛官の諸君は、そこにも悲哀を感じるということが現実にあります。

ぼくはハワイをレンタカーでけっこう走っていますけど、クルマの免許がある人は、ハワイですと国際免許証は要りません。レンタカー屋さんで、あるいはホテルのコンシェルジェで日本の免許証を出せば、そのままクルマを貸してくれます。右側通行という問題はありますけど、ハワイのドライバーはとても穏やかです。

ぼくも生まれて初めて海外でクルマを運転したのは実はハワイだったのですが、最初は右折、左折したときに違う車線に入っちゃうんですね。それをやっちゃったんですけど、前から来たハワイのドライバーは機嫌よくニコニコして待ってくれて、ぜんぜんトラブルにならない。だから、むしろ海外でクルマを運転したい人は、ハワイが最初の経験としては一番いいんじゃないかなと思います。

余談ですけどイギリスだと日本と同じ左側通行ですから、心配ないように見えて、イギリス人はすぐ怒る人もいるから、ハワイのほうがお薦めかもしれない。

ハワイはレンタカーが安いんです。オープンカーでこのオアフ島を一周したりすると、生きててよかったと思うほど快適ですよ。

ノース・ショアに行くと大きな波があって、サーフィンしてもいいし、しなくても見るだけで、ホノルル周辺のハワイと違う、本当のハワイの姿が見ることができます。

日本海軍攻撃隊侵入図

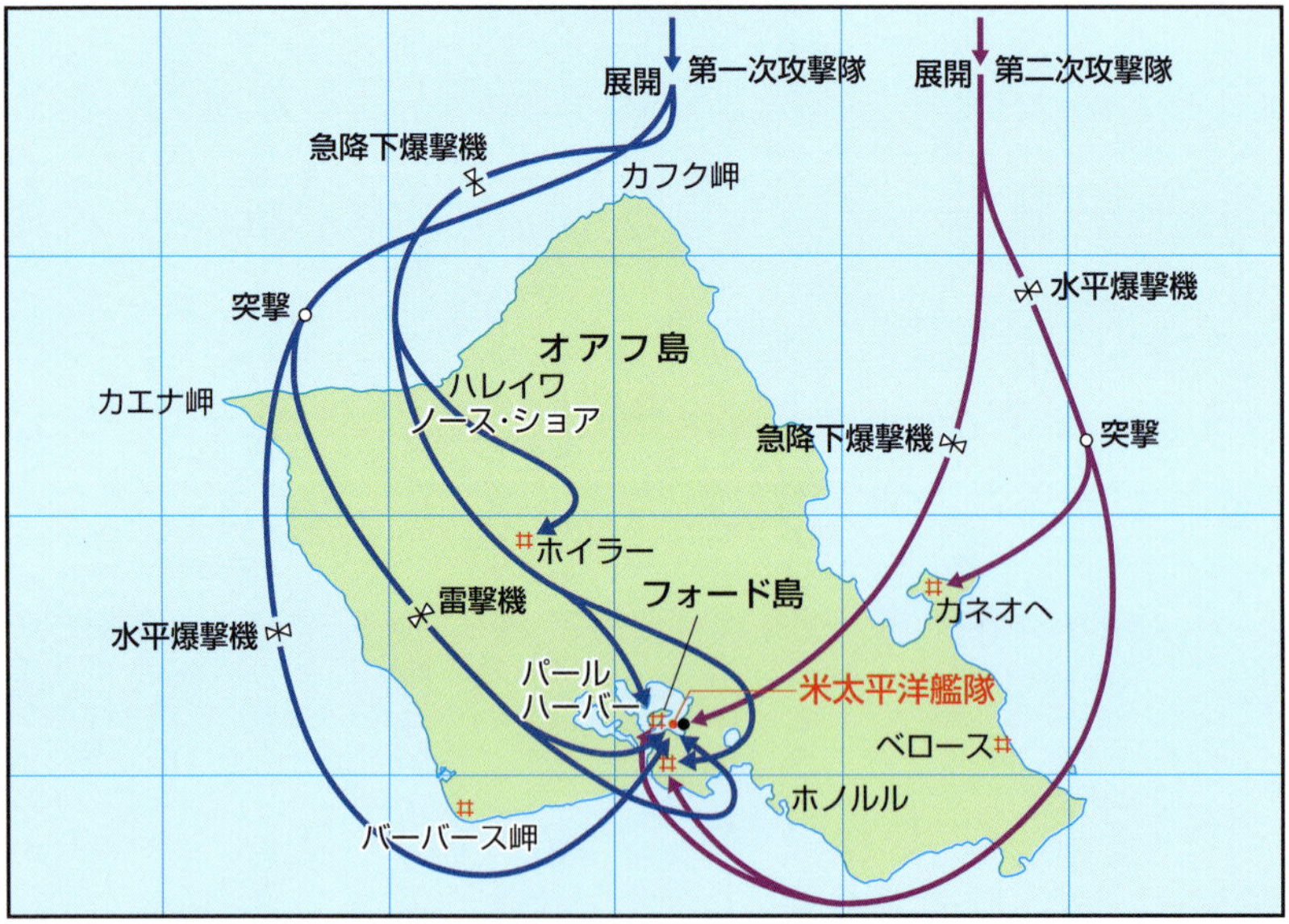
展開
第一次攻撃隊
展開
第二次攻撃隊
急降下爆撃機
カフク岬
水平爆撃機
突撃
オアフ島
カエナ岬
ハレイワ
ノース・ショア
急降下爆撃機
突撃
ホイラー
雷撃機
フォード島
カネオヘ
水平爆撃機
パール
ハーバー
米太平洋艦隊
ベロース
ホノルル
バーバース岬

第五章　質疑応答
Questions and Answers

懇親会にて（一行はワイキキビーチ近くのホテルで独研主催の懇親会に臨んだ）

青山繁晴（マイクの前で）

あらためて言うこともないかもしれませんが、例えば赤城のスケールモデル、見られてどうでしたか？

昨日、うちのヘイワース美奈研究員も初めて赤城を見て、彼女のメンタリティは完全にアメリカ人なのですが、日本人に戻って？　涙ぐんでいました。赤城を見るだけでも日本からハワイに来るだけの値打ちがあると思います。

あのスケールモデルはお金もかかっているけれど、手間がすごいと思うのです。もちろんプロでないとできないと思いますが、設計図を基に完全にリアルに再現しています。あの場で申しましたように、本物のリスペクト、尊敬がないと、とてもじゃないけど、あんなものを作る気にもなれません。

これは、何を物語るかと言えば、アメリカ人がとてもフェアな人々であることもそうですが、ぼくも含めて、わたしたちが長年教わってきた歴史、あるいは文化論とかそういうところまでを含めて、いまのわたしたちの子々孫々が、この瞬間にも日本の学校で教えられていることが、ほとんどリアルじゃないということです。右とか左とか一切関係なく、現実に立っていないということですね。

今日、たまたまみなさんがちらっと遭遇した、中国のまったくの嘘、あの場でも言いましたが、第二次世界大戦において、アメリカ軍と中国共産党の八路軍が協力したという事実はありません。

垂れ幕とパネルになっているいろいろな嘘については、あとで聞いたら、小池さんが、ぼくが抗議していることを太平洋航空博物館の館長に伝えて、小池さんご自身も異議を唱えたそうです。

小池さんによるとアメリカ人の館長は「青山さんが来ているのであれば、やむをえない」と言って、いちばん嘘が濃厚な二一枚のパネルを撤去したそうです。館長はぼくごときを知らないでしょうから、小池さんがうまくぼくの値打をカサ上げして下さったということですね。

今日は、昨日見たパネルとは確かに一部、違っていました。ただし、垂れ幕などがありましたけれど、そうしたものはそのままです。あれに載っている写真のほとんどが共産党軍ではなく国民党軍の士官であったり、兵士であったり、その制服を着ているわけです。それを平気で出しています。

中国の意図が、日米同盟を破壊して、米中同盟というものをつくりたいということにあると、みなさん現場でたまたまご覧になりました。嘘で塗り固めた中国、韓国と、日本が向かい合っていくときに、本当のことは何か、嘘でない真の歴史というのは何かを自分たちが知らずに対抗をすることはできません。

したがって「アメリカは本当は日本が好きなんだよね」、「尊敬してくれているよね」、「アメリカ人ってフェアな面があるよね」という話で済むことではなくて、もっぱらわたしたちに戻ってくる話です。

このなかの何人もの方が靖國神社遊就館でのＩＤＣの行事に来ていただいています。どうして国が責任をもって展示の見直しをしなければいけないのか、そのためにも、全ての主要国の戦没者慰霊施設と同じく靖國を国営にしなければならないというのは、遠く離れた真珠湾に、その大切なヒントのひとつがあります。

まぁ、ぼくは日本のかたでほかにこの話をしている人を知りません。評論家、政府当局者、政治家、あるいは自衛隊の首脳陣、この話をしている人を、おのれ自身以外に知らないのです。それは信じがたいことで、あの真珠湾展示館には結構そういう人たちが来ているのですが、何も気がつかないで帰っていくのです。英語が苦手ということもあるのかもしれませんが、英語ができる人でもそうです。だから、思い込みの壁というのがいかに分厚いのかというのをずっと考えてきました。アメリカの世論工作「ＷＧＩＰ」の深い影響もある。しかし、そのせいだけにしちゃ間違う。

それからさっき真珠湾を出るときにＩＤＣ会員から「では、結局真珠湾攻撃というのはいったい何のために、何をやりたくて行ったのでしょうか？」とお話がありました。「アメリ力の艦隊を破壊したからといって、それで戦争がどうなるというのは不明確だったのではないか」という問題提起があって、それは実は、残念ながらそのとおりなのです。

……とりあえず乾杯しましょう。この話は乾杯のあとで。

青山繁晴

さっきの話を締めくくっておくと、実際あの当時、一九三〇年代終わりから四〇年代初めにかけて、太平洋の海軍力の覇権を誰が握るかということは極めて重要でした。アメリカ太平洋艦隊を空母を含めて、もし叩き潰せていたなら、それは重大な影響がありました。その証拠にアメリカは空母によってミッドウェーで日本を叩きのめしました。艦隊決戦に意味がないのだったら、ミッドウェー海戦をアメリカがやった意味もない。実はそれなりに意味があるのです。

ただし先ほどのＩＤＣ会員の質問が意義深いのは、ハワイを日本陸軍が占領しなかったこと、あるいは肝心なハワイの石油貯蔵施設を攻撃しなかったことを含めて、アメリカの艦隊を叩きのめしても、アメリカにはほかの力もあります。包括的にどうするかという戦略がまったく描けていなかった。

陸軍は南方に出ていたからすでに戦っているのに、あるいは中国で戦っているのに、海軍は何もしないと言われて、その回答として真珠湾攻撃をやったに等しい。そうすると、山本五十六さんのような天才的な、あるいは人柄としても最高の人であっても、自分の組織のためにということが、実は最初にあったのです。

ぼくはいつも言っていますが、「なぜ戦争になったのか」だけではなくて、「なぜ負けたのか」を考えるべきで、みなさんのお仕事の範囲内でも、自分の組織のためということを優先しすぎると、それは、全体的な日本の国力を弱めることに繋がっていくということを、できれば改めて考えていただきたいと思うのです。

今回来ていただいたのは、ＩＤＣ、実質およそ六〇〇人の会員のなかでも三五人にすぎませんが、ごく一部のことであっても、みなさんの友達とか家族に拡げて考えたら、ここに座っているのが三五人くらいでも、八〇〇〇人以上になると思いますよ。

いまは便利な時代でフェイスブックやツイッターとかでいくらでも口コミを広げることができますから、それを考えるとここに座っているのは関係者も含め三十何人ですが、万単位で効果があると思います。こういうことを地味に見えても、少しづつやっていくしかありません。

あとは、食事をしながら、みなさんのテーブルを回っていって話を伺います。

では、みなさんお疲れ様でした。

質問コーナー

質問者　今日（真珠湾を）見学したことについても思うし、日頃からも思うんですけど、とくに外国の方と話をしたりすると、皇室のありかた、ぼくらの皇室の認識のしかたが、すごく中途半端だと思うんですね。日本には、皇室という、武器ではないけれども、すごく誇れるものがあるのに、いまひとつ日本人が皇室に対して半端な意識であるということが問題のひとつなのかなと、思ったりするのですが、それはどうなのでしょうか？

青山繁晴　ぼくが常日頃、思っていることは、戦前と敗戦後はたいして変わらないということです。敗戦前は軍国主義で、いまは民主主義になったと言う人が自称リベラル派を中心にいらっしゃいます。逆に敗戦前は、日本人は毅然としていて、すべてわかりやすく行動していて、戦争に負けたからおかしくなったという人も、高齢者を中心に、あるいはもっと若い人、一〇代でもいらっしゃいますが、ぼくは全然そう思いません

今日、真珠湾の展示で一九三〇年代の日本というのがありましたね。そこには陛下の写真が出ていましたが、アメリカ人もよくわかっておらず、日本人もわかっていないのだけれど、例えば、大日本帝国憲法、明治憲法において、天皇陛下はどういう位置づけになっているかというと、主権者であって「陸海軍ヲ統帥ス」とあります。

だからといって、天皇陛下は直接、具体的に親政なさるわけではありません。内閣が戦前

からすでにあったわけですから。では内閣と天皇陛下の主権というのはどういう関係なのか？　さっぱりわからない。明治憲法で整理されていない。

それから「陸海軍ヲ統帥ス」というのはどういう意味なのか？　指揮権があるのかないのか？　要するに陸海軍の最高指揮官が天皇陛下なのか？　違うのか？　それがほとんど何もわからないのが明治憲法です。

で、その曖昧さのまま、日清、日露といういくさを戦った。相手が清国みたいな腐った国、あるいは革命寸前のロシアのように足腰が弱っている国。それらと戦ったときは目立たなかったけれど、このアメリカのような強靭な国とぶつかったときには、その矛盾が表に出たわけです。

だから、例えばBS朝日の番組に出ていたら、VTRが「昭和天皇が終戦の決断をしなかったから沖縄戦になったので、沖縄の人たちが天皇陛下を嫌うのは当然だ」とやりました。ぼくは「これは違う。明治憲法で、天皇が『陸海軍ヲ統帥ス』となっているけど、それは指揮権を指しているのではない。具体的な指揮権がないのに、どうして戦争責任が取れるのか？　そもそも昭和天皇は日米開戦に反対でいらしたのに、指揮権があったならなぜ開戦になったのか？　そんなことも知らないのに、こんなVTRを流すのはおかしい」と言いました。そうしたら、神田秀一さんという、元テレビ朝日の皇室記者が「その通りです」と言ってくれたので、その場はなんとなく収まったのです。

ところが番組の最後のときに、女性作家が「天皇陛下が今年（西暦二〇一五年）の年頭会見で満州事変のことに触れられたのは素晴らしかった。戦争やいまの動きに反対なんだから素晴らしい」という趣旨を発言しました。ぼくはそれについて発言する時間なく番組が終わりました。

この女性作家だけのことではなくて、今年の年頭会見で今上陛下が「満州事変以降の歴史をよく考えるべきだ」とおっしゃったのは、その半年前に集団的自衛権の限定容認を閣議決定した総理、安倍さんへの批判ではないのかという質問が、ふだん良心的なひとまでを含めて、ぼくのところへもさまざまに来ました。

それにさらに二月の皇太子殿下のお誕生日のときに、皇太子殿下が「戦争の記憶を忘れてはいけない」とおっしゃったのも、安倍政権への批判ではないのかという問い合わせも来ています。

基本的な知識や確認が欠けたまま、天皇陛下や皇太子殿下が政治的な発言をなさるかのように邪推するのは、一体どうしたことでしょうか。

今上陛下におかれては、過去何度も、満州事変のことに触れられています。今回は三回目です。一回目は、小泉政権のとき、もう一回は鳩山政権のときです。

インターネットという便利なみんなのツールがあるのですから、まずご自分で調べてからにしてほしいのですが、過去のご発言は今回どころじゃなくて、日本人が中国で虐殺された済南《さいなん》事件に始まり満州事変はもちろん、上海事変、ノモンハン事件とたくさん語られて、その歴史を忘れてはいけないとおっしゃっているので、むしろ安倍政権下の今回は極めて簡素におっしゃっているのです。

だから、明らかに政治利用されるのを懸念されて、発言を簡素にされている。

むしろ陛下の御心《みこころ》、御意《ぎょい》というのは、政治的な動きの集団的自衛権がどうしたということはまったく関係ないことです。

天皇陛下は憲法をもっとも守られる方ですから、天皇は政治に介入せずという現憲法の定めを強く守られていて、集団的自衛権の閣議決定のような政治課題に介入されるわけがない。もちろん憲法自身の改正条項九六条に従って正当に改正されれば、今度はその改正憲法を徹底的にお守りになるのです。

今上陛下は、学習院の中等部でいらしたと思いますが、皇太子殿下の時代に疎開をされていました。大空襲のあった東京のようなところに国民を残したまま疎開されたことについて、非常にお辛い感情を持たれていました。そうやって戦争を体験されているからこそ、一二五代の天皇陛下になられたときに、戦争被害は実際には体験されていない、それをちゃんと覚えておくことに徹する天皇陛下になられたのであって、政治的意思はまったくお持ちではありません。

「天皇は護憲派だ」という人もいますが、なんと愚かな話でしょうか。陛下が特定のグループに属されるのですか。

天皇陛下は、日本が立憲君主制であることをお護りになっているのです。

こんなこともわからないのかと落胆します。

テレビに出る人間も、キャスターも作家も、そして普通の国民を含めて、こういうことを理解されている人がほとんどいない。日本における天皇のご存在の意味を、日本人はほとんどわかっていないという恐ろしい一面があります。明治時代からわかっていないのです。いや、幕末の時代からわかっていない。

たとえば明治天皇も、日清、日露の戦争を御意として指示なされたのか……違います。明治天皇の詠まれた御製（ぎょせい＝天皇のお歌）は「四方《よも》の海みな同胞《はらから》と思ふ世になど波風の立ちさわぐらむ」――「まわりの海はみな同胞と思うこの世になぜ波風が立ち、騒ぎが起こるのであろう」というものです。

明らかに戦争を忌み嫌われる御製です。

したがって、天皇陛下というご存在を、政治的に考えるのか、すなわち権力の一部と考えるのか、あくまで日本の魂として考えるのか、じつはその整理がまったくできていないのです。

昭和天皇について言うと、第二次世界大戦当時、米英の本当の姿を知っていた人というのは、日本では天皇陛下と栗林忠道《ただみち》陸軍中将ぐらいでしょう。

いまと違って簡単に海外に行けないから。

昭和天皇の御意と日米開戦はまったく違うとわかっていながら、それをいちばん理解されていた山本五十六連合艦隊司令長官がなぜ、その日米開戦を自らやらねばならなかったか。そういうことから考えると、これは天皇陛下とわたしたち国民の真の関係が、いまだに分かっていないのであって、敗戦後だけの問題ではありません。ずーっと日本が引きずっている問題で、むしろこれは明治維新の根幹にも関わることです。

ご維新の実質的な始まりとして、王政復古といいつつ、日本の近代における王政とは何なのかが整理も、定義付けもされていなかった。だからこそ伊藤博文公がヨーロッパから学んで帰ってきて「立憲君主制の西洋の模範はこうだ」と導入したわけですが、欧州諸国と日本は国のありかたが根こそぎ違うので、ほんとうはそんなものを導入されては困るのです。

しかし最終的な課題はやはりぼくら国民の側にあると考えています。

なぜなら、現憲法だけではなく、実は明治憲法も一度も改正されていません。

ご維新を経て、戦前から議会は帝国議会という名で開設されているけれど、これは議院内閣制ではないのです。これも誤解している人が多いけれど、明治憲法をきちんと読むと、議院内閣制ではありません。議会はあるけれど、その地位はよく分からない。軍部はあるけれど、地位はよく分からない。天皇はいらっしゃるけれど、どんな地位を占められているのかよく分からない。いったい、誰が責任を持つのか？　誰も分からない。戦争についても開戦と終戦が誰の権限なのか分からないまま。それが明治憲法です。

　それなのに一回も改正されてないで、国家のありかたまで問われてしまうこの大戦争をやる、しかも弱った国家だった清や帝政ロシアとまるで違うアメリカと事を構えることに突っ込んだということ自体が、わたしたちの考えるべき日本の根幹です。

　だから侵略だったかどうかというような不毛の話について、国民が巨額の税金を投じている東京大学を使うのはやめましょう、東京大学を一旦解体しましょうと言っているのは、ぼくはこうしたことも含めて言っているのです。

　だから今、経済学部で教えている近畿大学の学生に「受験の偏差値が低くても、きみらの出番なんだよ。去年死んだぼくのおふくろが、ぼくのことも指差して『おまえたちはみんな受験勉強の搾りかすや』と言っていた。ぼくは親の言うことを聞かないこどもだったから、それが正しいとは答えなかったけどね、ほんとうはこれは至言なんだよ」と話しているんです。

　彼らはちょっとぽかんとして聴いていますが、「東大のつくった役人、早稲田のつくった政治家とジャーナリスト、京大のつくった学者、慶應のつくった経済人、このひとたちが一体どんな国にしたんだ？　国民が奪われても、犯人は破綻した小国の北朝鮮にすぎないのに、こんな大国が誰ひとり取り返しに行けない。たとえば一三歳の女子中学生で、きみたちよりずっと年下だった横田めぐみさんが拉致されて、きみたちのお母さんよりもう年上の五〇歳になってしまってもなお、誰も取り返しに行かない。これで国なのか？　国民を護らなくて国の意味があるのか？　偏差値で人間を輪切りにして分ける受験時代はもう終わったんだよ。『これから』の大学に学ぶ、きみの出番だ」と話します。

……今日も、赤城の艦首に菊の御紋があるということで、天皇陛下のご存在、一二五代、二〇〇〇年以上脈々と続いてきた血統と、ぼくたちはどんなふうに結ばれるのかということも真剣に、ぼくら主権者自身が整理していくことだと思いますよ。学者に任せることじゃない。道は長いのです。憲法を糺《ただ》すという世直しができるまでぼくは生きていないのではないか、報われることはないと覚悟を決めてさまざまに取り組んではいますが、憲法改正を繰り返して、ほんとうの国造りに踏み込んでいったとしても、もう一度、明治維新まで遡《さかのぼ》ってやり直しなのです。

真珠湾展示館にも、ご維新のことをMEIJI《メイジ》 RESTORATION《レストレーション》と書いてくれていましたが、明治維新でごく一部の手直しがあったにすぎません。

ほんものの国家像、ぼくらの祖国を、陰影に富むあの潤いある国土に結ぶには、まだまだみんなが力を尽くす、それもリラックスして尽くすことが必要なのです。

蛇足ながら、がんばれ働く女性！

人はマイナーでいるときこそ、人に尽くせるのです。仏教は欧米では清潔で、カトリックは腐敗していて、日本ではカトリックは清潔で、仏教は腐敗に苦しんでいる。それを見れば分かりますよね。

ついでに、うちの研究員、ヘイワース美奈を見ていると、日米の対等同盟というのがどれほどいいかわかるでしょう。彼女は歩く日米同盟です。常に自分の頭で考えて全体のために仕事をするから、社長のぼくはなにも言う必要がありません。

はい、次の質問をどうぞ。

（質問はこの後も朝まで尽きない勢いでどんどん出され、わたしも、四時間を超えてナマ質問に答えることのある「独立講演会」――独研が毎月一回、自主開催している講演会――と同じように、ありとあらゆる分野の質問に答えていった。

それは今後の「『逆転』ガイド」シリーズで公開しよう。

なお、ここまでのＩＤＣ会員との行動や、青山繁晴による解説は、記録と録音・録画を元にして再構成した。スペースの制限などで、もちろん実際とは異なるところもある。読者、そして真珠湾研修に参加したＩＤＣ会員にも、理解を深めていただくために補ったところも多々ある。また小池良児さんによる解説は、軍事的、技術的な分析も含めた詳細なもので、多くを今回は割愛した）

第六章　米兵の生き残り、ディック・ジロッコさんと

The Interview with Mr. Girocco

わたしたちは、このインディペンデント・クラブ（ＩＤＣ）会員とのハワイ真珠湾訪問の四か月あと、西暦二〇一五年の七月下旬に再びパールハーバーを訪ねた。

このときはテレビのロケーション・スタッフも同行した。わたしは今、ＣＳ放送「ＤＨＣシアター」の「虎ノ門ニュース　８時入り」、通称「虎８（とらはち）」の木曜版に参加している。

この二時間のナマ番組は、ネットでもニコニコ生放送とYouTubeで同時に無料生放送されていて「空前のアクセス数」（山田晃プロデューサー）となっている。ふだんは一切の打ち合わせなしで、しかも歩道から誰でも覗き込めるガラス張りのサテライトスタジオで、言いたいこと、ではなくて言わねばならないことをそのまま全部、そのまま打ち合わせも一切なく言えるという超例外的な番組だ。

緑の下で苦労しているスタッフ陣のためにも、ありのままに言いたい。わたしたちの「嘘と演出のない番組にしたい」という志に応えてくれたのか、このロケハンは大きな幸運に、ふたつ、恵まれた。

ひとつは前出の真珠湾攻撃を受けた米兵の生き残り、ディック・ジロッコさんに無事に会えて、たっぷりと対話できたことだ。

もうひとつは何か。それは後の楽しみに置いておいて、まず読者にもディックさんに会っていただこう。

ハワイ時間で西暦二〇一五年の七月二五日、どうでも良いことだが、たまたまわたしの誕生日に、あのハンガー（格納庫）でわたしたちは初めて会った。

ディックさんは「九四歳ですね」と聞くと、眼をしっかりこちらに向けて「違う！」と仰る。

「え？」

「九三歳と一〇か月だ」

なるほど。その二か月は確かに貴重である。ぼくらの会話は通訳を入れず、直接に米語で交わされた。まずはその邦訳を読んでいただく。そして日本の書籍としては、異例のことだが、対話の原文を録音のまま、すなわち米語のまま全文を収容しておく。

なぜか。このディック・ジロッコ証言はあまりに貴重であり、後世の研究材料としても、ここに保存しておきたいからだ。

ディック・ジロッコ Dick Girocco（以下D）

青山繁晴（以下A）

A　ディック・ジロッコさん、お会いすることができて光栄です。

D　ありがとうございます。

真珠湾攻撃の当時、ディックさんが乗員だった飛行艇「カタリナ」の優美な姿（パブリックドメインの公開写真から　photo : National Museum of the U.S. Air Force）。

A　ありがとうございます。そして戦争中、ジロッコさんは航空整備士として働かれていたと伺いましたが……。

D　はい、そうです。PBYカタリナ機の担当でした。

（PBYは、アメリカの飛行艇だ。カタリナCatalinaはその愛称。戦中は、米海軍と連合国各国で対潜哨戒機などとして任務に就いた〔P218写真参照〕。）

A　そうですか。そして、真珠湾攻撃の生存者でもあるのですね。

D　はい。

A　当時の事は、鮮明に覚えていらっしゃいますか。

D（きっぱりと）ほとんどの事は覚えています。

A　ジロッコさん、まず初めに私がここに

来た理由を説明してもよろしいでしょうか。

D　どうぞ。

A　戦争でアメリカに負けてから日本の社会は変わりました。例えば、学校では日本軍そして日本の攻撃は間違いだった、いけない事をした……と教えられてきました。

しかしわたしがまだ若い頃に初めてここ、ハワイに来て真珠湾展示館の展示物を見た時にとても驚きました。

全ての展示がとてもフェアで日本海軍の攻撃にさえも敬意を表しているように思えました。

D　私もそのように理解をしています。私が好きな日本人の一人は、坂井三郎さん（零戦の撃墜王。生き残ったひとり）です。

A　はい、坂井三郎さん……英雄ですね。

D　とても有名な日本人で。彼の飛行士としての身の振る舞い方にとても感動しました。

A　そうですね。

D　戦士として。

A　はい。そしてまず、はじめに一九四一年にあった日本軍の攻撃について覚えていらっしゃること、真実を教えてください。どのように覚えていらっしゃいますか。

D　私が一番覚えているのは、多分……轟音でしょう。

A　轟音ですか？

D　轟音と振動です。日本とは対立が起きているとは聞いていましたが、まさか真珠湾が攻撃されるとは誰もが想像していませんでした。

われわれは、フィリピンかアリューシャン列島が（日本軍の）ターゲットだと思っていたから。

まず、われわれの注意を引いたのは、爆撃機が飛行機に向かって下降して来た時の轟音だ。われらの航空機を爆撃することが（真珠湾攻撃での）日本軍の最初のターゲットでした。初めに飛行機を爆撃すれば、（アメリカ軍が日本の）艦隊を見つけに行くこともできなくなるでしょう。

なぜ私たちがあの日、格納庫にいたかというと、われわれの飛行隊は三機の飛行機でマウイ島まで飛行し、島で潜水艦の給油ができるかの確認を行っていたからです。なのでわれわれは、その部隊が戻ってくるのを待っていたところでした。そしてものすごい轟音が聞こえてきたのです。

A　ものすごい轟音。

D　はい、そうです。航空部隊がいたずらをしているのかと思いました。彼らは、たまにわれわれの上空を旋回し、小麦粉が入った袋や紙袋を落としていったのです。

（そのような時）ものすごく散らかして行くので、あの轟音を聞いた時は「格納庫の前に行って、あのまぬけな奴らが何をするのか見ていよう！」と（みなで）格納庫の前まで走っていきました。
空を見上げてあの航空機が日本軍だということに気付かなかったのです。なぜならば機体の色がわれわれの航空部隊と同じ色だったからです。そして彼らが爆弾を投下した時、翼の赤い丸が見え日本軍だということがわかりました。そこからは、ただ自分の身を守ることで精一杯でした。何かの下に潜ることです。われわれは、格納庫の中を走り回りました。

A　いまわれわれのいるこの格納庫ですか？

D　いいえ、別の格納庫です。

A　この敷地内にある別の格納庫ですか？

D　はい、そうです。ここから数百ヤード（一〇〇ヤード＝九一・四四メートル）離れた場所です。そこは、現在は屋根のないただの広い土地です。当時は、格納庫と滑走路を繋ぐ水道管を設置する工事を（兵士として）行っていました。

大体、海からこの格納庫までの距離です。（そこに工事中の溝ないし穴があって、その）幅は六フィート（約一・八三メートル）で深さは、約五フィートから六フィートです。（攻撃を受けて）まだ水道管を入れていなかったのでその穴に入り、身を隠しました。

なのでそれからどのような被害があったか見ていません。私は、戦艦ロウのすぐそばの兵舎に住んでいたのであとから色々な被害があった事を確認しましたが一番覚えているのはやはりあの凄まじい轟音と振動です。

二時間ぐらいは、続いたと思います。

A　二時間ですか？

D　はい。実は、波が二回ありました。

一回目は、一時間ぐらい続いたあと何も起こらなかったので攻撃は終わったものだと思い、外に出て飛行機の（出し入れをする）傾斜路を歩いていると第二波がやってきました。私はまた、隠れていた穴に戻り、爆撃はさらに一時間ほど続きました。

A　第一波に関してですが、日本軍の爆撃機はあの山の間から飛んできたのですか。

D　そうです。両側からです。

あちらのワイアナエ山脈の方からと反対側の山からこのような角度で飛んできました。

A　例えば、アメリカのハリウッド映画では日本軍は民間施設や民間人にも被害を与えたという描写もありますがそれは、正確ですか。

D　真珠湾攻撃を題材にしたハリウッド映画は、何本かありますね。

最近に公開された映画は、良くなかった。ただのエンターテインメントと恋愛に基づいた作品だった（映画「パール・ハーバー」。アメリカで人気を博した）。

「トラ・トラ・トラ！」（日米合作）は、素晴らしい映画だよ。とても正確で、何が大切かというと日本、アメリカの双方から真珠湾攻撃を描いていって、やがて最高潮に達していく。

うん、とても良い映画だ。とても正確だ。

A　日本軍は軍の施設と兵士だけに狙いを定めていたことに間違いはないですか。

D　はい、もちろん。

A　もちろん。

D　民間人への攻撃は、ありませんでした。

われわれの飛行機が攻撃を受け、破損した際、町の中に飛んで行った飛行機の破片でおそらく民間人が被害を受けました。

日本軍は、民間人を狙っていませんでした。

A　ここの展示物のサブスタンス（中身）に関してですが先ほども申した通り、全てがフェアに展示されています。

D　ありがとうございます。素晴らしい展示ですね。

A　なぜ展示物がフェアだと考えるのですか。実際、ワシントンDCとハワイの真珠湾では歴史に対する見方が少し違いますよね。

D　えっと……それについては、どう説明すれば良いのかわかりません。

この場所で起きたのでここに展示してあるということです。

A　しかし例えば、赤城の模型は敬意を持って、展示されていますね。

D　あ、はい。

A　あの展示に関しては、どう思われますか。

D　とても良い、素晴らしい展示だと思います。

A　ハワイでは、真珠湾攻撃の真実が語られていますね。

D　われわれが知っている真実です。

A　ジロッコさん、日本に行かれたことはありますか。

D　はい、あります。

A　何度か？

D　横須賀、東京に行ったことがあります。

A　軍人としてですか？

D　海軍にいた頃、空母のヘリコプター部隊に所属していました。なので佐世保にもいました。佐世保から旅行で長崎に行き、楽しい時間を過ごしました。日本をとても楽しみました。とても綺麗な国です。

A　では、戦後の日本、そして日本の社会を良くご存知でいらっしゃるのですね。

D　ある程度はね。

　また行きたいと思っています。体力的に可能であればまた日本を訪れたいです。

A　なぜわたしがこの話をしているかと言うと、戦後に生まれた日本人は学校で「日本軍の攻撃は間違いだった、軍国主義、侵略だった」と教わってきました。

D　それは、そういう考えもあるということです。みんなそれぞれ違った意見があります。なのでお互いの意見を受け入れ、その中で何がベストか考えることです。

A　大日本帝国海軍の真珠湾攻撃について、どのような考えをお持ちですか。フェアな攻撃だと思われますか？　それとも……

D　もちろん、軍事の観点から見ると、私が目撃した限りでいえば、攻撃は、お見事でした。

A　お見事？

D　とても良く連係がとれていて、かつ兵が徹底的に訓練されていたので、（日本の攻撃隊は）何をするべきか的確に理解をしていて、それを確実にやることができた。

三五二機で攻撃をして、失ったのは二九機というのは、驚異的でした。訓練の練達ぶりが奇跡的でした。軍人なら、このようなことが良く理解できるのです。

そう、素晴らしく連係がとれていて、しっかり計画されていた。

A　ディック・ジロッコさん、私はあなたの言葉を聞き、とても驚いています。

D　本当ですか。それは、なぜですか。

A　とてもフェアな考えです。

D　えぇ、軍人としての観点です。他の人は、こう思わないかもしれませんが、軍事の観点からするととてもお見事でした。

A　それは、アメリカの考えですか？

D　それは、わかりません。

A　しかし中国がここ、このハンガーでこのような新しい展示をしていますね（※例の嘘の展示がまだ残っていた）。この内容に関して、わたしたちは考えが違います。これについて、どう思いますか。

D　（一種の）親切な行為だと思います。日本人にとって、あまり嬉しい行為ではないですよね。われわれは、彼らの感謝の気持ちを単に受け取っているだけです。個人的な意見を言わせていただくと、とても良く展示されている。しかし日本人はそうは思わないでしょう。でもそれは、私達に責める権利はありません。

A　そして英雄・坂井三郎さんに関してですが……彼のことをどのようにご存知ですか。

D　個人的には、知りません。でも彼の本を読み、娘さんにお会いしました。確かこっちにお住まいのはずです。

A　坂井三郎さんの娘さんは、こちらにお住まいなんですか。

D　はい。

A　えー！

D　彼女は、ハワイに住んでいて確か、坂井三郎さんの人生について本を執筆していると思う。私は、彼が日本人だから尊敬しているわけではありません。彼は、軍の飛行士として素晴らしかった。飛行士として、尊敬をしているのです。

A　坂井三郎さんは、ハワイで有名ですか？

D　えっと……軍人は彼の本を読むので知っています。

A　本屋さんに行けば彼の本を見つけることができますか。

D　彼が書いた本は、本屋さんに行けばあります。

（当時の写真を見ながら）

D　この写真は、六番格納庫でこちらは五番。これは私がいた五四番格納庫です。

A　こちらにいらしたんですか？

D　はい。この格納庫は、真珠湾攻撃の第一撃を受けた場所です。

日本軍の飛行士は航空機を破壊するのが目的だったので格納庫に命中したこと自体あまり嬉しくは、思っていなかったでしょう。ここが最初のターゲットです。真珠湾に初めて爆弾が落ちた場所です（P228写真参照）。

これは、コンクリート片により真っ二つに割れたカタリナ機です。

（写真を指差して）この二人は、同じ飛行隊にいました。

私達は、ここら辺をウロウロしていたので間違いなくこの写真は、攻撃と攻撃の間に撮られた写真です。水道管の穴がここら辺にあったので、ここに逃げました。この写真がそうです。

真珠湾攻撃の初弾の着弾跡が、今も保存されている。太平洋航空博物館のいちばん裏手、アメリカ海軍の特殊部隊の現在の訓練所の近くにある。

ここに線が引かれているように見えるのは、穴から続いている泥水の溝で、私たちは、ここに隠れました。

A　この飛行隊に所属していたのですか。

D　これは、私が所属していた飛行隊の集合写真（P229写真参照）です。われわれのミッションは救護活動でした。

A　そしてもちろんジロッコさんは、ここにいたんですね。

D　はい、この中のどこかにいますよ。白い帽子の男性がいるでしょ？　その後ろに立っているのが、ぼくだよ。

A　ジロッコさんですか？　えー！　とてもお若い。二二歳か二三歳ぐらいでしたか？

D　私は当時二一歳でした。

A　これはあなたですか？

真珠湾攻撃当時のご自分を指差す、ディックさん。

D　はい、そうです。私です。これが操縦士と司令官。
A　写真を見せて頂いてもよろしいでしょうか？
D　私は口ひげを生やそうとしていたが、あまりうまくいかなかったんだよ。これがわれわれの操縦士、そして司令官。
A　この中で生存者は、ジロッコさんお一人ですか？
D　攻撃の後、（部隊は混乱して）連絡をとっていないからみんなどうしたか分からないなぁ。
A　面影がありますね。
D　当たり前でしょう。顔や体の手入れは、なるべくするようにしているから。
A　七四年ほど経ちましたがそんなに変わっていないですね。

D　当時は一五五ポンド（約七〇キロ）でしたが今は、もう少し重くなりました。この人達の名前はまだ覚えていますよ。

（名前を順番に言っていく）

A　この方々全員のお名前ですか？

D　ほとんど覚えています。一緒に飛んだ仲間です。

A　ディックとお呼びしてもいいですか？

D　もちろん。

A　わたし、そして現在の日本の政権は戦後の真実を再構築するために（証言を）探し求めています。あなたの言葉とお話を聞き、わたしはとても驚いています。われわれの戦前の軍やその意図を良く理解していらっしゃいます。

真珠湾展示館にある説明掲示板もそうです。説明文には「アメリカと日本はそれぞれ戦争を避けようとした。両国は、これからの新しい時代のリーダーになろうと努力していた」という趣旨が書かれています。学生時代に学んだことの中身と比較すると、わたしはこのフェアな文面を実際に見て、読むことができてとても嬉しく思いました。私はこの現場に三〇回以上来ていて、あなたにお会いできて光栄です。

D　私も嬉しいです。

A　あなたの言葉を聞くことができて嬉しいです。質問しても良いですか。日本はフェアな国と言えますか？　そして今もフェアな国ですか？

D　それについては、コメントを差し控えたいと思います。何がフェアで何がフェアでなかったか。答えがない議論になるよ。私が言ったのは、あなたの国はやるべきことをやったということだけだ。そしてわが国もやるべきことをやった。

これについて永遠に議論することができるでしょう。何がフェアで何がフェアでなかったか。

A　日本社会の現実をご存知ですか。例えば、日本の学校では日本の戦争の歴史は全て間違いだったと教えられていることをご存知ですか。

D　多少は知っている。

国は、やるべきことをやらなければいけない。

このような論争は、ずっと続いていて、これはその論争の一つです。日本も、やるべきことをやらないといけなかった。日本は、少し圧迫されていたが、やるべきことをやった。

A　で、あなたは日本がお好きですか。

D　私が日本を好きか？

好きだよ。

実際、日本人女性と現在親しくしています。（沖縄の）八重山出身の方です。

A　軍人時代に知り合った方ですか。

D　いいえ、ここで出会いました。

A　ここですか？

D　ここです。私は一九五五年に沖縄に行き、とても楽しい時間を過ごしました。日本は美しい国で私は大好きです。ハワイで放送されている日本の番組も良く見ています。全て日本語で、旅行案内番組です。日本のことを色々紹介しています。

A　そして真珠湾展示館の中や他の展示物に関してあなたの個人的な意見を教えてください。

D　私が真珠湾展示館をどう思うのかということ？

A　そうです。

D　私の印象？

　とても素晴らしいと思うよ。大げさではなく、にぎやかで明るい展示でもない。控えめな展示だ。控えめに展示されていて、愛国心を煽っているものでもない。とても素敵な展示館だ。

A　全ての展示が真珠湾攻撃の真実を語っていますか。

D　はい、大体そうです。

A　しかしここパールハーバーの現地が唯一、真珠湾攻撃の真実が語られている場所ではないのでしょうか。日本ではこのような展示がない。

D　日本での唯一の展示は、同じような展示ですが長崎にありますね。真珠湾攻撃の記念館が日本に存在しないのには理由があります。

A　ディック、この質問はもしかしたら失礼な質問かもしれないが、アメリカ人が「リメンバー・パールハーバー」と言っているのには、どのような意味がありますか？

D　アメリカ人は世界で何が起きているのか把握していなかったということをおそらく言いたいのでしょう。

そして「リメンバー・パールハーバー」の意味は、二度と同じ過ちを繰り返さず、常に準備をしていろ。それだけだと思います。

A　これはハワイや真珠湾のとても特徴的な考えだと思います。アメリカ本土では、少し違うと思いませんか。

D　はい。

ここ真珠湾が攻撃されたのでここで展示され、ここで語られるべきでしょう。アメリカ本土は、攻撃されなかったので本土には展示はされません。ここで展示されるべきです。

A　そうですね。ディックさん、あなたのフェアなお言葉に感謝しています。

D　あなたとお話ができて楽しかったです。

A　本当にありがとうございます。これがアメリカと日本の新しい、そしてより深い関係の始まりのひとつになればいいと願っています。

D　そうだといいね。

A　たくさんの日本人がこの番組を見ますよ。

D　これは、日本で放送されるの？

A　そうですよ。テレビ番組（CS放送）とインターネットで配信されます。ありがとうございました。

わたしと独研の研究員たち、そして「虎8」のロケ隊は、他にも何人かの証人に会った。それらの方は「逆転ガイド」の後発の書で紹介するかも知れない。しかしこの初ガイドで、もうおひとりだけ記しておきたい。

ジョー・多喜元さん、八二歳である（P235写真参照）。

この方はかつて、「滝譲二」の芸名で日本の有名歌手だった。菅原文太さん、岡田眞澄さんらのスターと同期で、一緒に歌っていらしたのは、あの雪村いづみさんである。

そして現在は、ハワイのワイキキから真珠湾に向かう途中のマンションに住まわれている。

ジョーさんは、美少年だったころ三重県の香良洲《からす》町に疎開し、そこにあった海軍予科練の航空隊基地に荷物を運び入れるなどのアルバイトで出入りするうちに特攻機のパイロットた

ジョー・多喜元さん、82歳。昔の芸名は滝譲二。（ワイキキと真珠湾の中間のマンションにて）

ちと仲良くなった。

　そして歌が人並み外れて上手だと次第に分かると、戦闘機乗りたちにせがまれて「海ゆかば」を歌った。

海行《ゆ》かば　水漬《みづ》く屍《かばね》
山行かば　草生《くさむ》す屍
大君《おおきみ》の　辺《へ》にこそ死なめ
かへりみはせじ

　これを歌うと、そう年も実は違わない少年航空兵が腕で涙を拭った。毎日のように歌ううちに、それを聴く少年兵がどんどん減って、帰ってこなかった。

　明るい陽射しの穏やかなハワイの一室で、ジョー・多喜元さんは朗々と、「みぃづぅく、かぁばぁね」と、ハッとするほど張りのある声で最後まで歌い切られた。

わたしは陽射しの向こうに、永遠に喪《うしな》われることのない青春が色のない炎のように揺れるのをありありと感じた。


そしてこの逆転ガイドの初弾の最後に、私たちの幸運のもうひとつを短く記しておこう。

戦艦ミズーリを再訪した。今回は、プロの撮影クルーを同行してのことだったからルール上、手続きが必要であり、事前にミズーリ側とそれを済ませておいた。

ミズーリからは、マーケティングを委託された会社の上級副社長で寡黙な紳士のパトリック・ドゥーガン（Patrick Dugan）さんが同行してくれ、さらに合州国海軍の親しみやすい人柄の青年士官、ポール・フィルストラ大尉（Lieutenant Paul Fylstra）が終始、付き添ってくれた（P134下とP135上写真参照）。

撮影をしているうちに、記念館としてのミズーリの開館時間が過ぎてしまった。どんどん夕暮れと、その向こうに海辺の夜が迫ってくる。

しかし前述のふたりはそれを気にする素振りもなく、甲板上の撮影がようやく終わると、艦内に案内してくれた。

わたしは艦内も良く知っているから、勝手知った内部という感覚で急階段を降りていくと、そこに何があったか。

突然、鹿児島の知覧にある特攻記念館の若きパイロットたちの遺影、そして遺書や手紙が並んでいた（P133とP134上写真参照）。

聞けば、石野さんのあのアメリカ海軍葬から七四年、「知覧特攻平和会館」（鹿児島県南九州市）管理係の桑代睦雄さん、五四歳が「ほとんどの人が特攻のほんとうの歴史を知らないのでは」と考え、戦艦ミズーリ記念館に連絡をとり、今年（西暦二〇一五年）三月、ミズーリを訪ねたという。

ちょうどわたしとＩＤＣ会員たちが訪れていた頃である。

ミズーリで桑代さんは、一九四五年四月一一日、鹿児島県の喜界島沖で石野さんの特攻機がミズーリへの突入したあと海軍葬が行われたことを甲板の展示で確認し（異説では石井さんの特攻機）、知覧から企画展をミズーリで開催する決心を固められたという。

そしてわたしの目前には、父母や妻、そしてまだあまりに若い恋人を思う手紙と遺書が国境を超えて、まるでもともとミズーリが胎内に抱擁していたかのようにひっそりと静まって置かれていた。

その声のない声を聴きながら、ひとつだけ提案いたしたい。

このような展示を真珠湾だけ、あるいは知覧だけ、または一時的な展示会にするのではなく、日米双方の兵士を尊敬を込めて再現する国営の戦争記念館を主権者の意思で建てませんか。

本館を誰もが行きやすい地に建て、そして分館も建てたい。

なぜなら、その分館の場所としてわたしは、アメリカをありのままに愛しアメリカと真正面から戦った智将、栗林忠道《ただみち》陸軍中将が、いまだ故郷に帰れない部下の一万数千人と共にいらっしゃる硫黄島を提案したい。

いま立ち入り禁止の硫黄島は、だからこそ手つかずで凡《すべ》てが残されている。

子々孫々のため、今を生きる生徒、学生のため、それからわたしたちの社会人教育のために、静謐《せいひつ》な教育の場としたいからだ。

その新しい目標もあってこそ、英霊の困難なご遺骨の収集も完遂されるだろう。

次のガイドへのひとこと

働く多くのひとびとと同じように、ぼくは海外だけではなく日々、国内への出張へ頻繁に出て行きます。

そうした国内出張から東京へ帰ってくるとき、東海道、上越、長野、東北、北陸の新幹線が終点に近づき、降り支度をしながら車窓からふと見る都内の光景にかつての仕事が甦《よみがえ》ります。

虎ノ門にあった共同通信社の政治部記者から大手町の三菱総合研究所の研究員に転じて、帰宅できない多忙な職務のあいまに、当時の秘書Hさんとよく短い夕食に出ました。大手町から小橋を渡るとすぐ、庶民のビジネス街、ざわめく神田です。

ご主人の夕飯づくりに間に合うよう帰るH秘書を、神田駅の改札口で見送り、ぼくは徹夜する本社へ歩いて戻りました。その裏通りが一瞬だけ車窓を横切ったりします。

その三菱総研も去って、仲間と現在の独研（独立総合研究所）を立ち上げたとき、初期の独研本社は汐留の線路脇に置きました。その小ぶりなイタリア風建築のビルが、車窓の向こうに現れて消えます。

あの頃、その頃の匂いと空気が過《よ》ぎります。

誰でも、学校も変わり、仕事も変わり、仮に生涯、一つの企業、役所にいてもふつうは異動や転勤によって通う場所が変わります。

変わるからこそ、ひとつひとつが人生に刻んだかけがえのない現場ですね。

学校時代もいいことばかりとは限らない。青春にはむしろ人に言えない苦しいことが多くありませんか。

そして仕事とは、生活のためや、あるいは誇りのためにこそ、耐え難いことにも耐えるのが日常です。

人生の過ぎ去った現場には、それが封印されています。

ぼくはこれから、この「逆転」ガイド・シリーズという新しい試みによって、さまざまな現場をみなさんと一緒に歩きます。

初弾のハワイ・真珠湾は、格安チケットを使えばわりあい誰でも行ける場所です。

ぼくのほかの著作には、誰でも簡単に入るわけに行かない現場も出てきます。たとえば戦地です。

しかしこの新シリーズは「ガイド」ですから、まさしくこの書を手にあなたも行くことができる場所を選んで、ごく普通のその場所に隠されている逆転の視点を、手触りよくお伝えしていきたいと願っています。

それは、みなさんの人生の現場に秘められている、ちいさな喜び、歓喜、失意、悔悟、希望それらすべての色糸がない交ぜに編まれた生への愛惜の気持ち、それを呼び起こすような視点でもありたいと思うのです。この書はノウハウ本としてのガイドではないからです。

逆転の視点とは、第一に、現状打破への強靱《きょうじん》な原動力です。

しかし同時に、静かに染み込むような味わいも、みんなと一緒に愉しみたいなといま、考えています。

この第一弾を最後まで読んでくださったあなたさま、できればこれからもぼく、それからみんなと一緒に「逆転の旅」へぶらり歩いて出ませんか。

青山繁晴　拝

東京・湾岸のほのかな夜明けにて

西暦二〇一五年、平成二七年、日本のたいせつなオリジナルカレンダー皇紀で申せば紀元二六七五年の葉月（八月）二九日

new and a deeper relationship for the US and Japan.

D : Well, I hope so.

A : So many Japanese people are going to see this film.

D : You are going to distribute this in Japan?

A : Yes, as TV program and through internet. Thank you very much.

（※眼を見あって堅く握手する）

travelog. All about Japan.

A :What is your personal impression concerning the exhibition of for example, the Pearl Harbor museum?

D: My impression of Pearl Harbor museum?

A : Yah.

D: My impression of it? I think it is well done. It's not over done. It's not a big blowout. It's discreetly done. It's demonstrated discreetly and it's not a flag waving type thing. It just a very nice memorial.

A : You can say that all the exhibitions are close to the reality of the Pearl Harbor attack?

D: Oh, yah. Pretty much.

A : But I think this is the only place that explain the truth of Pearl Harbor attack. We don't have any kind of exhibition in Japan.

D: Well the only exhibit they have is Nagasaki, that type of thing but I can understand why they don't have any exhibit of Pearl Harbor.

A : Dick, I am afraid this is some kind of a rude question but when Americans say, "Remember Pearl Harbor" what does it mean?

D: Well, I think what they were referring to was that Americans were not really paying attention to what was going around in the world. And the expression" Remember Pearl Harbor" we can't let it happen again, we have to be prepared. That's all it meant.

A : I think this is a very characteristic attitude of Hawaii or Pearl Harbor here. It is a little bit different in the mainland. Don't you think so?

D: Yah. This is where it happened, I suppose this is where would be exhibited and this is where it would be talked about and displayed. Nothing in the mainland happened back there in the mainland so they don't display it there. This is where it should be displayed.

A : I see. And Dick, I appreciate your fair words.

D: Well, I enjoyed talking to you.

A : Thank you so much. I am praying that this is the beginning of a our old army, our old navy's intention. For example, I was so surprised to see the description panel in front of the Pearl Harbor museum. As for that explanation, both US and Japan avoided the war. And some collision happened in Pearl Harbor but both countries tried to avoid war. US and Japan were rising countries in the coming new world and I was very pleased to see those fair words , compared to the substance in our school days. Even your words are better or fair, compared to the substance in school days so I came here over 30 times, and of course I am very pleased to see you.

D: I am glad you did.

A : I am pleased to hear your words: Japanese attack was fair.

D: Well, I don't know about that. A lot of people have discussed that till the end of time and never get it right. What was fair and what was not fair.

A : Do you know the reality in the Japanese society? For example, Japanese school girls and boys were just taught that Japanese history was wrong. You know that?

D: A little bit but this has been going on since the beginning of time. Countries have to do what they have to do. Conflicts like this had been going on since time began and this was just another case of it. Japan had to do what they had to do. They were kind of shoved a little bit and they had done what they had to do.

A : And do you love Japan?

D: Do I love Japan? I do. In fact, I keep company with a Japanese lady. She is from Yaeyama.

A : You had met her during your military career?

D: No, I met her out here.

A : Here?

D: Here. But I've been to Okinawa in 1955 and I enjoyed it. I love being in Japan, a beautiful country. In fact I have spent a lot of time in front of the TV watching the TV program out here. It's all Japanese, like here. And I actually got a picture of that, this one right here. As you can see, this streak here is the dirt out of the ditch and that is where we took cover.

A : You belonged to this squadron?

D: Just a group picture of the squadron I was in. Our mission down there in that area was strictly rescue.

A : And of course you were here?

D: Yah, I'm in there. Somewhere. You see the guy in the white hat? The guy behind him is me.

A : It's you. Wow! Of course, you are so young. 22 or 23?

D: I was 21 at that time.

A : It's you?

D: Yup. Yah…that's me. All the pilots and the commanding officers.

A : May I see your picture?

D: I was trying to grow a mustache without too much success. These are our pilots, and this is our commanding officer.

A : Are you the only survivor?

D: I don't know about the rest of the fellows. Never kept in touch with them.

A : You look the same .

D: Of course. I try to take care of my face and the rest of my body.

A : About 74 years have passed but you look the same.

D: In there, I weighed 155 pounds. I am a little bigger now. I still remember these people's names.（※このあと名前を順番に言っていく）

A : You remember all of these people's names?

D: Pretty much. The ones I flew with.

A : And may I call you Dick?

D: Of course.

A :We, including our government and myself, are now seeking to rebuild the true story concerning the last war. And as I have heard your words and your story, I am very surprised because you have understood

D: Well, I thought it was a nice gesture. I'm sure the Japanese were not too happy about it. But we had to accept their gratitude for helping them and that is all it meant to us. For me, it was well displayed but I am sure the Japanese people take a different view of it … but you don't blame them.

A : And you have said about the hero, Saburo Sakai. How do you know about him?

D: Personally I don't know him. I read his books and met his daughter. His daughter lives out here, I believe.

A : Saburo Sakai's daughter lives here?

D: Yes.

A : Wow!

D: She lives here now and she is writing another book about his life, from what I understand. I respected him not because he was Japanese, but because of what he does in navy as a flyer. A military flyer respected what he has done.

A : Saburo Sakai is a famous person in Hawaii? No?

D: Well…military people know him just from reading his book.

A : We can find books concerning about Saburo Sakai in bookstores?

D: They are available in bookstores. The one written by him.

（※写真を見ながら）

D: This picture is hangar 6, this is hangar 54, the hangar I was in.

A : You were here?

D: Yes. This hangar here was hit with the first bomb landed on Pearl Harbor. And I'm sure the Japanese aviator who has done that wasn't too happy because he was trying to destroy the airplanes, not the hangars. Now this is the plane ramp, the very first target. Very first bomb on Pearl Harbor done this. This is one of the Catalina flying boats cut in half with a big slab of concrete. These two fellows were in the squadron I was in. Apparently this picture was taken between the attacks because we were all wondering around in this area. I went back in the ditch in the pipeline

A : So you have known well, about Japan and Japanese society after the defeat?

D: To some degree, yah. I would like to spend more time there. In fact, if I was in a better physical shape, I would probably visit Japan.

A : And why am I talking about this. All of the Japanese people who were born after the war, were taught in our school days, I say again, all of Japanese attacks were wrong or it was militarism or invasion.

D: Well…that is what you want to make out of it. Everybody has their different opinion so…you have to accept what their opinion is , and make the best out of it.

A : Please tell me your impression about Japanese Imperial navy attack to Pearl Harbor. Was it some kind of a fair attack or…

D: Absolutely, looking from a military standpoint from what I witnessed, it was very well done.

A : Well done.

D: Very well coordinated and people were very well trained. They knew exactly what they wanted to do and they have done it. It was amazing and they come in here with, I think, 352 airplanes and lost only 29. That's miraculous because they were well trained. And military people know these things. Oh, yah… it was very well coordinated. Very well planned.

A : Mr. Dick Girocco, now I am so surprised to hear your words.

D: Really? Why?

A : Very fair attitude

D: Well, from a military standpoint. Other people may not feel that way but from a military standpoint, it was very well done.

A : I think that is kind of an American attitude?

D: I don't know about that

A : But comparing these exhibitions made by China, I'm afraid yours are different with these kind of new exhibitions made by China. How do you think about that?

A : Absolutely.

D: There were no civilian attacks. The civilian damages were probably done by shells from our own vessels, landed in town. They had not targeted any civilians.

A : I suppose you have been concerned with the substances of the exhibition of in this area. I have told you today that all of the exhibitions are so fair.

D: Thank you. They are good.

A : Why? Please tell me the reason why you have realized that fairness. I mean, comparing the reality for example in Washington DC, in Pearl Harbor, in Hawaii, the attitude concerning the history is a little bit different.

D: Well…I don't know how to explain that. It's exhibited here because of course, this is where it happened and I don't know how to explain that.

A : But for example, you have shown the great model of air carrier Akagi, with respect.

D: Oh, yah.

A : What do you think about that exhibition?

D: I think it's great. I think it's good.

A : And I mean, in Hawaii, you are always telling the truth, the Pearl Harbor attack.

D: The truth as we know it.

A : And Mr. Dick Girocco, you have been in Japan?

D: Yes I have.

A : Several times?

D: I've been to Yokosuka. I've been to Tokyo.

A : As a soldier?

D: When I was in the navy, I was on an aircraft carrier on a helicopter squadron. And I've been to Sasebo. And when I was in Sasebo, I took a trip to Nagasaki and I enjoyed that. I enjoyed Japan very much. A very beautiful country.

D: No, we were in another hangar.

A : Another hangar, but within this area?

D: Oh, yah. Several hundred yards over. And they were just a big open field then and no cover at all there so luckily, they were putting a pipeline out here between the hangars and the runway. Pretty much stretched from the water , passed down to this hangar. 6 feet wide and about 5 or 6 feet deep. And they hadn't put in the pipe in there yet so we all got in there and then subsequently, I didn't see the rest of the damage that was being done. I did later because I lived in the barracks, right along Battleship Row but what I remember the most was the tremendous noise and the concussion , and it continued pretty much for two hours.

A : Two hours?

D: Oh, yah. Actually there were two waves. First wave lasted for about one hour and everything stopped and we thought it was over with so we got out, wondering around our plane ramp. And the second wave came over. I went back in the ditch and lasted for another hour.

A : As for the first wave, Japanese airplanes came over those mountains?

D: Yes, on both sides. They came from that direction, over the Waianae mountains and then the other side, those mountains coming in in an angle like this.

A : And for example, your Hollywood-made movie, Japanese airplane attacked even civilian facilities or civilian people. Is that correct?

D: They made several movies. The last one they made was not very good. It was strictly entertainment, love story type thing. The other movie, "Tora, tora, tora", excellent movie, very accurate and what was great about it was it showed from both sides, the Japanese side, the American side, and then culminating the attack on Pearl Harbor. Very good movie. Very accurate.

A : Concerning the truth or reality of what you saw in this area, Japanese attacked only military facilities or soldiers. Is that right?

D: Yes, absolutely.

A : Yes. And first of all, please tell us the truth on what you remember about the Japanese attack in 1941. How do you remember?

D : Probably what I remember the most about it is , the noise.

A : The noise?

D : The noise and the concussions, but to begin with there was some conversations going around in one time or another, We were getting some kind of a conflict with Japan but never suspecting that it will be in Pearl Harbor. The general consensus was that it would either be in the Philippines or Aleutian Islands. What got our attention first was the noise the bombers coming down on our planes because apparently our planes were the Japanese very first target. They wanted to get rid of the planes so they couldn't go look for your fleet. So what got our attention first, or to begin with, the only reason we were even in our hangar is our squadron had an exercise that morning where they launched three of our planes and they went over to Maui. And what they were doing over at Maui was checking out the possibility of refueling from a submarine. And we were just waiting for them to come back. When we heard this noise, they make a tremendous noise, a tremendous noise.

A : Tremendous noise.

D : Oh, yah. And we thought it was our army air corps planes' tricks on us. And they used to do that occasionally. They would come by and they would drop flour sacks on us and paper bags and make a terrible mess. So when we heard this noise, we said, "Well…we might as well run in front of the hangar and watch these idiots do their things." So we ran out to the front of the hangar and looked up, and didn't realize they were Japanese at first because they were the same color as our army air corps planes. And then, of course, when they dropped their bombs, we could see the red circles on their wings and we knew they were Japanese. So then, it was just a matter of self-preservation. Get under cover somewhere. So, we ran through the hangar

A : This hangar?

青山繁晴と真珠湾攻撃で生き残った元アメリカ兵のディック・ジロッコさん（93歳10か月当時）との対話

（通訳を挟まない直接対話を原則ノーカットで収録／ハワイ真珠湾のフォード島「太平洋航空博物館」内のハンガーにて／現地時間2015年7月25日）

A : Mr. Dick Girocco. It's my honor to meet you.

D: Thank you.

A : Thank you so much. And I have heard that you were a flight engineer in the last war?

D: Yes sir. In the Catalina PBY flying boats.

A : Yes. And also you were a survivor against the Japanese attack in this Pearl Harbor?

D: Yes sir.

A : So you remember so well

D: Pretty much, yes.

A : And…Mr. Dick Giracco. First of all, may I explain my purpose to come here and to talk with you ?

D: Alright.

A : After being defeated by the US, Japan has changed in our society. For example, including in my school days, we were taught that all of the Japanese attacks or forces were so wrong or evil, but during my first visit here in my early days, I was so surprised to see your exhibition in this area and also in the Pearl Harbor museum. I thought all of the exhibitions were so fair and full of respect, even to the Japanese naval attack.

D: I understand that. In fact, one of my favorite Japanese people is Saburo Sakai.

A : Uh huh…Saburo Sakai, the hero.

D: Very famous Japanese, I am very impressed with the way he conducted himself as an aviator.

A : That's right.

D: As a combatant.

青山繁晴（あおやま・しげはる）

▶1952（昭和27）年、神戸市生まれ。慶大文学部を中退し早大政経学部に入り直して卒業する「ひとり早慶戦」（本人談）の後、共同通信社入社。事件記者、経済部、政治部いずれの時代もスクープ記者として名を馳せる。三菱総研の研究員に転じ、日本初の独立系シンクタンク「株式会社 独立総合研究所」を創立し、代表取締役社長・兼・首席研究員に就任。▶近畿大学経済学部で"名物教授"として学生を集めている（客員教授／国際関係論）。▶公職も無償を原則に数多く務め、内閣府原子力委員会・原子力防護部会・専門委員、国家安全保障会議（日本版NSC）創設の有識者会議議員を経て、現在、文科省参与、海上保安庁の政策アドバイザー、経済産業省の総合資源エネルギー調査会・専門委員、総務省の消防審議会委員、「NHK国際報道検討会」委員ほか。▶第一級の専門家として認知されている分野は、エネルギー安全保障／核セキュリティ、危機管理、外交、安全保障、政治論、国家戦略立案と、異例の幅広さを持つ。▶テレビ、ラジオの番組参加や講演をこなし、作家としては、ロングセラーの『ぼくらの祖国』をはじめ、『ぼくらの真実』（ともに扶桑社）、『死ぬ理由、生きる理由　英霊の渇く島に問う』（小社刊）、『希望の現場　メタンハイドレート』『海と女とメタンハイドレート』（小社刊、青山千春博士と共著）のほか、純文学の『平成』（文藝春秋刊）がある。

青山繁晴の「逆転」ガイド
その1 ハワイ真珠湾の巻

2015年9月25日　初版発行

著　者｜青山繁晴

発行者｜佐藤俊彦
発行所｜株式会社ワニ・プラス
〒150-8482
東京都渋谷区恵比寿4-4-9
えびす大黑ビル7F
電話03-5449-2171（編集）

発売元｜株式会社ワニブックス
〒150-8482
東京都渋谷区恵比寿4-4-9
えびす大黑ビル
電話03-5449-2711（代表）

装幀｜Malpu Design（清水良洋）
本文デザイン｜Malpu Design（佐野佳子）
写真｜青山繁晴、山田晃、青山大樹
印刷｜中央精版印刷株式会社
DTP｜株式会社YHB編集企画

ISBN 978-4-8470-9367-8

『死ぬ理由、生きる理由――英霊の渇く島に問う』

青山繁晴 著

第二次世界大戦末期、アメリカ軍との激戦の末に占領され、返還後は立ち入り禁止となっている硫黄島。

この島には今も、一万一千人以上の兵士の方々のご遺骨が取り残されたままである。

二〇〇六年、硫黄島を訪れた経験を持つ著者は、この事実と問題解決を様々な場で訴えてきた。

二〇一四年五月に実施された「にっぽん丸　小笠原と硫黄島周遊クルーズ」における三回にわたる魂の講演をすべて採録し、さらに航海の模様と硫黄島の姿を三二ページのカラー口絵写真で紹介する。

定価：本体一六〇〇円＋税